如何做一场
精彩的演讲

〔美〕琼·戴兹　著

张珂　译

南海出版公司

新经典文化股份有限公司
www.readinglife.com
出 品

献给自一九九二年以来参与我主办的

演讲稿写作研讨班的朋友们

选择卓越 ／ 超越自我 ／ 进无止境

目录 | CONTENTS

致谢

很多人在本书的创作过程中帮助了我，谢谢你们。

我尤其想要感谢：壳牌集团的布雷恩·阿克勒；美国海岸警卫队的理查德·巴特森；美国空军的萨布拉·布朗；丰田汽车公司的卡里·钱德勒；演员多米尼克·查尼斯，他曾出演电视剧《黑道家族》；国际职业妇女协会的达连娜·弗里德曼；口译员亚由美·格林；美国医疗健康服务网站 WebMD.com 的凯瑟琳·哈恩；大学城科学中心的珍妮·梅尔；笔译员阿奇·娜古努玛；贝斯特韦斯特酒店集团的托德·萨默斯。

特别感谢新罕布什尔州参议院公共关系总监卡罗尔·阿尔法诺，她能力惊人，在最紧张的时限内也能出色完成任务。

我的编辑达尼埃拉·拉普，自我跟她提出想要出版这一新版本的想法后，她就一直在支持我，而且给我提供了非常实用的意见。谢谢你！

史蒂夫·罗曼负责本书的审校工作，他干得十分出色。简单来说，他做了任何一位作者所能期望的最好的审校工作。非常

1

感谢!

我还要向我的客户们表达感激之情:在这个大型公关公司日益增多的时代,你们对我的个人演讲培训事业的支持,使我的专业特长得到了充分发挥。感谢你们对我的信任。

最后,我最想谢谢我的儿子塞斯·鲁宾斯坦,他是与我的演讲稿写作事业一同成长的。塞斯出生八天后,我就重拾了笔杆,那时我不得不在家庭办公室中放一只婴儿摇篮,将他放在摇篮里,以便按时完成写作任务。多年来,他在这间办公室里帮我做了很多事情:校对、编辑、提出宝贵建议。(另外,我已经数不清他帮我解决了多少电脑方面的问题。)谢谢,我对你的谢意就像你们史瓦兹摩尔学院老帕里什宿舍楼前的石头上所刻的那样——永不停息。

前言

　　《如何做一场精彩的演讲》一书首次出版于一九八四年。您现在看到的是第三次修订版。三十年前，圣马丁出版社买下了这本书的版权，目前来看，这一举动相当明智，因为这本书如今还在步步前行。现在，整个连锁书店行业都面临着歇业的困境，一些个体书店还在为了正常营业而顽强抗争。数年来，电子书市场一直在宣称实体书即将灭亡，然而，我们依旧在这里。读者们依然在阅读。而这本小书现在也在以实体书和电子书的形式同步发行。

　　当然，在每一版中，我都相应地对内容做了调整，但这一版的改动是最大的。

　　自上一版发行以来，世界发生了哪些变化？答案是一切都变了。尤其是人与人之间的交流方式以及人们运用科技的方式。上周，一位客户问我："在眼下这个自媒体时代，什么样的演讲才能吸引人呢？"我简短地答道："非常精彩的演讲。"

　　在修订这一版的过程中，我将注意力放在了撰写演讲稿和演讲的商业化方面，这也是本次修订的指导思想。虽然现在可能仍然有一些演讲者认为演讲不过是"讲满事先安排好的十五分钟"，但懂行的演讲者和演讲稿撰写人都已经清楚地认识到：每一场演讲都要付出金钱成本，我们一定要确保自己的投资取得良好的回报。

我来问大家几个问题吧。

· **如果你是演讲者**：你是否记录过你花费在准备、排练、发言上的时间？你做一次演讲的时间成本是多少？更重要的是，**你的机会成本有哪些**？你花费了大量的时间收集材料、撰写演讲稿、磨磨蹭蹭、修改内容、制作幻灯片、修改幻灯片，最后还要算上往返于演讲场地的时间，又因此**耽误了哪些事情**？

· **如果你是一家大型企业的管理人员**：每年你的公司在无意义的演讲上浪费了多少钱？你有没有核算过你们的员工花在**准备演讲、发表演讲、聆听演讲上的时间**？更重要的是，你有没有怀疑过这些投资是否取得了回报？

· **如果你是某个组织公关部门的工作人员**：你是否产生过这种疑问——你们团队本该写出更加精彩的演讲稿，甚至可能**是精彩很多倍的演讲稿**？

· **如果你是小企业主或咨询顾问**：你会不会担心同大型企业（它们拥有更多用于宣传的预算）竞争？可能你是一名独立工作的会计、健身教练，或是法律顾问。或许你经营着一家特别的小商店。想想看，由于没能在你所在的社区、行业协会或行业内做出精彩的演讲，你丢掉了多少生意？

・如果你雇用自由演讲撰稿人为你写演讲稿：你觉不觉得这些自由撰稿人完成一篇稿子所花的时间太长了？你是不是再也不想熬夜修改他们写的演讲稿了？

・如果你是政府部门或军队里负责管理公共事务的官员：你能否逐条列出所有涉及演讲的会议经费？为了便于问责，你能否合理地说明这些经费具体的使用情况？（例如：人工费？会议室租金？视听设备使用费？茶或咖啡方面的花费？交通费？住宿费？）除此之外，统计一下共有多少人参会，核算他们为了听演讲一共损失了多少工作时间。这得是多大一笔钱啊！

在这一版的写作过程中，我在心里定下了几个目标。我希望这本书可以帮助你：

1. 用**更短的**时间准备好**更加精彩的**演讲。

2. 讲出能被观众记住的内容。

3. 做能取得投资回报的演讲。

我希望这本书可以让你站到观众面前时，无论是看上去还是听上去都非常好。

永远不要忘记，科技的发展使得人人都可以轻轻松松拍下你的演讲过程（有些人很可能会这么做），你在特定时间、特定城市做的演讲随时都可以呈献给全世界。你可能觉得自己不过是在美国的圣安东尼奥给当地某些观众讲大概二十分钟而已，但在当今这个数字化世界里，你的演讲视频可以传播到任何地方，而且会被永久保存。

那么我有一个问题：你想让自己在这种永久存在的视频里呈现出什么样子？（你肯定会想，我当初在准备的时候要是多用点心就好了，对不对？）

很少有演讲者会看到台下有几千名观众全神贯注地倾听自己的发言，也很少有人能让自己的演讲入场券在几分钟内被抢购一空。（大多数的演讲只能被形容为"非自愿的交流"。还有些演讲者的发言实在太沉闷无趣，观众哪怕情愿花点钱，也恨不得赶紧溜掉。）没有几个人的演讲会通过软件现场直播，也没有几个人说的话能在全世界范围内被引用。

但我们可以做得更好，比现在好很多，很多。

每一位演讲者都能迅速提升自己的水平，也可以一点一点建立起自己的演讲风格。

请记住，在撰写演讲稿和发表演讲时，精彩的演讲并不比乏味的演讲花费你更多的精力。关于这一点，我已经在演讲稿写作研讨课上说了二十多年——选择卓越。

如果你能采纳本书中的建议，你将能吸引观众，你演讲的内容会值得聆听。你的演讲将不仅能令你所在的组织脱颖而出，还能令你自己脱颖而出。

你的演讲会被大家注意到。而且我保证，你会被观众铭记。

衷心祝愿你们取得成功！

琼·戴兹

1 / 有人请你做一场演讲，现在你该怎么做？

> 一次演讲就是一段航行，演讲者必须规划行程。那些不清楚自己该从何处起航的人，通常无法到达目的地。
>
> ——戴尔·卡耐基

事情的缘起通常很简单：你接到了一个电话，或是收到了一封电子邮件，邀请你去某个场合做一场演讲。也许是你的母校希望你回到校园，谈谈你的职业生涯。也许是当地商会想邀请你出席他们的下一次会议，简述你的业务发展。还有可能是你支持的慈善组织期望你能站出来，与其他成员分享你的专业知识。

但有时，事情没有那么简单。或许你的老板要求你在一次全国性会议上做个报告。也许你要应邀参加一次播客节目或是网络研讨会。又或者是你所在的专业协会想请你在国际会议上发言。

你会怎么做？

你会不假思索地说"好的"，然后就开始手忙脚乱地随便拼凑一些发言内容吗？

聪明人都不会这么做。

记住，发言邀请仅仅是—— 一个邀请而已。你手中握有选择权。你可以决定是否要：

· 立即接受，在别人向你发出邀请后马上答应对方。（我不建议这样做。）

· 接受邀请，但要提出一些小的更改。（例如，问问主办方可否略微调整时间，以免跟你的旅行计划发生冲突。）

· 感谢会议主席的邀请，并表明你需要几天时间来确认自己的日程，然后才能给他们答复。（这种谨慎的做法让你能够充分衡量这次活动是否值得花费时间。）

· 让主办方了解你十分乐意与他们的成员聊一聊，但是这个月你没有空闲时间。（然后挑几个日程允许的月份供对方参考。）

· 礼貌地拒绝。

重点是，这是一个邀请，不是一张法院传票。作为受邀发言的演讲者，你可以有自己的选择。

你的演讲能否取得成功的决定性时刻就是此刻——就是你最初接受邀请，并安排好此次演讲的主要事项的那一刻。如果你明知道可以用十五分钟谈完这个话题，为什么还要答应对方讲三十分钟呢？假如你可以要求下午两点半开始发言，又何必接受对方下午四点钟开始的安排呢（还要耽误自己的航班）？

一旦接受演讲邀请，先确定你想讲些什么

一开始，你要问自己："什么是我真正想说的？"然后你的回答必须干脆利落，不能犹疑不决。你必须专注于自己演讲的主题，要谨记不可能把一切都囊括进一次演讲之中。

我重复一遍刚才的内容，它可以被理解为：

你做不到在一次演讲中涵盖一切。事实上，如果你试图涵盖一切，你的观众很可能一无所获。考虑清楚你真正想说的是什么，不要额外掺杂任何其他的内容。

比如，你正在向一个社区团体宣传你所在企业的价值观，那么就不必跟他们详细讲解你们公司的发展历史。

如果你正在呼吁一个校友会为你的大学募集资金，就不要插入一段话来讨论美国的中学存在的问题。

如果你正在当地一所学校讲述开展新的外语研究的必要性，请别将话题转移到校长的薪水上去。

在演讲中使用图片？你是在做演讲，不是在发表学术报告。你不可能将每一个在你脑海中一闪而过的好主意都囊括进来。

记住伏尔泰的那句名言："无趣的奥秘便在于说出一切。"

如果无话可说，你该怎么做

假设你想不出任何想要谈论的东西。

不必担心，如果不知道该说什么，你可以问自己一些基本的问题。这些问题可以是关于你的部门、你的公司、你的行业的，诸如此类。像个记者一样去发现问题，挖掘吸引人的素材。

· **谁？** 谁让我们陷入当前的麻烦？谁能帮我们摆脱困境？谁真正为此事负责？谁会从这个项目中获益？谁会因我们的成功而获得认可？我们的团队该有哪些成员？如果此次并购失败，谁将承担恶果？

· **什么？** 这种情况意味着什么？实际上发生了什么？什么地方出了错？我们目前处于什么状态？我们希望发生什么事？未来将带给我们什么？我们最突出的优点是什么？我们最致命的弱点是什么？

· **何处？** 我们下一步该去往何处？我们可以从何处获得帮助？我们应该于何处缩减预算？我们应该向何处投资？我们应从何处寻找专业知识？未来五年我们想去往何处？我们可以向何处扩展业务？下一个问题会出自何处？

· **何时？** 事态何时开始恶化？情况何时开始改善？我们何时第一次参与进来？我们何时可以准备好接手新项目？公司何时可以看到进步？我们何时能赚钱？我们何时可以扩大员工队伍？

· **为何？** 此事为何会发生？我们为何会参与？我们为何不参与？我们为何这么晚才参与？我们为何让这种困境继续？我们为何举行这次会议？我们为何要坚持这一行动方针？我们为何该继续保持耐心？他们为何启动该项目？

· **如何？** 我们如何摆脱这种状况？我们又如何陷入了这种状况？如何解释我们的立场？我们要如何保护自己？我们该如何

继续？我们该如何消费？要如何开发我们的资源？如何保持我们的良好声誉？如何改善我们的形象？这一项目究竟如何才能运转起来？

·如果……会怎样？如果我们可以改变税收法规会怎样？如果我们建造另一家工厂会怎样？如果土地用途管制规则不发生改变会怎样？如果我们扩展出其他的子公司会怎样？如果成本持续上涨会怎样？如果我们的招聘工作做得更好会怎样？

这些问题可以引导你产生一些有趣的想法。假如你还需要更多灵感，可以做这些事：访问另一个专业领域的网站；从不同的视角查看博客网站；阅读另一学科的学术期刊；快速浏览你通常不会阅读的杂志；看看国外的出版物；持续关注某个简易资讯聚合频道（RSS）一两个星期；加入一个新的领英（LinkedIn）小组，去看看别人有什么想法。总之，着手去做些什么，以便发现新的视角。

简而言之，要随时随地欢迎灵感的到来。美国画家格兰特·伍德曾经承认说："我那些真正的好点子都是在给奶牛挤奶的时候想到的。"

推理作家阿加莎·克里斯蒂承认她在洗碗时收获了最棒的想法。

作家薇拉·凯瑟通过阅读《圣经》寻找灵感。

所以，你要学会用眼睛去观察，用耳朵去倾听，随时随地准备迎接好想法的光临。

少怀念过去，多期待未来。托马斯·杰斐逊曾说："相比于缅怀历史，我更喜欢憧憬未来。"大多数观众会有同样的感觉。别用你所在行业的五年历史回顾来惹人厌烦，反之，你该告诉他们，你的行业在未来一年内将如何影响他们的生活。

有一个可以让你专注于自己演讲内容的好办法，那便是问自己："如果我站在那个演讲桌前的时间只有六十秒，什么信息是我必须向听众传达的呢？"没有什么比这六十秒的限制更能让人集中注意力了！

问问自己："这个人群会对什么内容感兴趣？"

媒体大亨特德·特纳曾遇到过这种情况，他原计划去纽约发表演讲，但即便在去往那里的路上，他仍然没想好演讲的内容："我只是在想，我要说些什么。"

然后特纳宣布，他将向联合国捐款十亿美元。你可以想象当时餐桌边的观众们的反应。特纳的演讲不仅让观众们惊讶得张大了嘴巴，还为慈善事业带来了改变。

你不必在演讲过程中捐出十亿美元，但你的演讲至少应该是有趣的。

而且你做演讲的时间不能太长。我用托马斯·杰斐逊的一句话来作结："以小时计的演讲，几个小时后就会被人忘记。"

2 / 准确定位你的观众

不要将观众看作你的顾客，要永远把他们当成你的搭档。

——吉米·斯图尔特

成功的交流需要交流的双方相互协作。演讲者不应该"对"观众说话，而是要"和"他们说话。聪明的演讲者会将观众看作交流过程中的搭档，他们的演讲也更容易取得成功。

这就意味着：演讲者需要理解他的观众，透彻地理解他们。

哈罗德·罗斯在他一九二五年为《纽约客》杂志所做的简介中，将杂志的内容总结为："不是为了迪比克这样的小城市的老妇人而编辑的。"这句话很好地定位了该杂志的潜在读者群。而对于那些和观众面对面交流的演讲者来说，他们需要对自己的观众进行更为准确的定位。在你花一分钟研究你的主题之前，在为你的演讲稿写下第一个单词之前，你首先要定位自己的观众。本章会为你列出需要重点关注的问题。

观众对演讲主题的熟悉程度

观众对你要演讲的主题已经有了多少了解？他们在哪里获得的信息？他们还需要或者想要知道多少内容？

例如，如果是在面向大众的论坛上做军事演讲，你就需要为观众提供必要的背景信息，以便他们理解你要讲的内容。但切记不要一次性向他们灌输太多信息。适量的背景信息能帮助观众理解你想传达的内容，而过多的信息只会把他们弄晕。

观众对演讲所持的态度

为什么这些人要来听你的演讲？他们是真的对这个主题感兴趣，还是有人（可能是他们的老板或老师）要求他们参加？他们的态度是友好的、敌对的，还是冷漠的？

关于"敌对的"观众的一句忠告：不要过快地断定观众会持敌对态度，千万别随时准备跟他们叫板。

即使观众不同意你的观点，他们也可能会欣赏你开放的思维、细心的推理和客观的分析方法。

另外，观众随时可能改变想法。用美国最高法院历史上任期最长的大法官威廉·奥威尔·道格拉斯的话来说："昨天还给你喝倒彩的观众今天没准儿就会为你鼓掌，即使你今天的表现并没有什么不同。"

关于"冷漠的"观众的一句忠告：有些人可能对你的演讲主题毫无兴趣。他们或许并不是主动想来的，也许只是想趁此机会溜出办公室。你当然对自己的演讲主题感兴趣，但你会发现很多人并非如此。

给他们惊喜，让他们震惊，使他们眼前一亮。可以引用奇闻逸事和各种范例，并运用你的风趣幽默来使他们集中注意力。

观众的先入之见

观众会对你和你的职业产生先入为主的想法吗？别忘了，人永远做不到绝对客观。感性经常会压倒理性。

尝试着想象一下观众对你的感觉。

有一种行之有效的方法可以给观众留下印象，那就是让他们感到震惊，以此来应对并打破他们的先入之见。如果能让他们在情感上感到惊讶，你就有可能使他们在理智上受到影响。

比如，你是一位社会工作者，观众可能会产生一种先入为主的观念。他们会觉得你慷他人之慨，根本不知道社会服务会让纳税人付出多大代价。要想打破这种先入之见，你需要谈一谈如何削减社会机构的管理成本，谈到如何加强对滥用职权之辈的惩罚，还可以说说如何树立个人责任意识。

这种方法会让观众感到惊喜，并且多半能给他们留下深刻的印象。他们将更有可能记住你演讲的内容。

观众的规模

观众数量的多少并不会影响你要演讲的主题，但这绝对会影响你处理话题的方式。

小规模的观众群和大规模的观众群各有不同的倾听喜好和心理取向。聪明的演讲者知道如何满足各个群体的需要。小规模观众群（例如少于十五或二十人的群体，可能是董事会或者家长教师协会）的成员相互之间基本都有较深的了解。他们经常可以预料到彼此对新想法的反应。

小规模观众群的成员往往会给予说话人更多的关注，因为中途走神对于他们来说太危险。他们可能了解你的作风，害怕被讲台上传来的某个意想不到的问题难住，例如："我没有参与这个项目，但我相信保罗·史密斯可以为我们讲讲这方面的内容。保罗，你能站起来和我们分享一下最新的细节吗？"

利用小规模观众群注意力较为集中的特点，你可以强调事情的道理，并提供可靠信息。

大规模观众群中的成员通常并不了解彼此。他们更喜欢坐在后排，让别人感觉不到自己的存在。这也更方便他们中途走神与发呆。

面对大规模观众演讲时，你可以也确实应该做到更加幽默，更富有感情，更引人注目。那些对于小规模观众来说可能显得画蛇添足的修辞手法，此时就能派上用场了。观众人数越多，对"一番精彩表现"的需求也就越强烈。

大规模观众的成员更可能这样想："来吧，把我认出来，抓住我的笑点，鼓舞我的精神，让我带着良好的自我感觉离场。"你要满足他们的这些需求。

另外，关于为什么每次演讲前都要问清观众规模的大小，还有一个重要原因。

显然，如果你事先猜想会有几百人来参加，那么当最终只有四十人出现时，你可能会感到尴尬和失望。从另一方面来说，想想以下经历会有多糟糕：某一卫生组织的发言人经常面向小规模的护士群体讲话。有次她出席会议，得知自己要在一间大礼堂中对着几百名护士发言。她不知道如何使用麦克风，她的幻灯片内容也不够大胆新颖，她还没有足够多的文字资料能分发给观众。这时她难道不会紧张和不知所措吗？

观众的年龄

在演讲前必须弄清楚观众的年龄范围，并据此计划你的演讲，这一点十分重要。适用于某一年龄段的观众的内容，可能会对另一年龄段的观众产生相反的作用。就像军队使用反复训练的方法能成功驯服毛躁的十九岁新兵，但也许并不适用于六十岁的老兵。（几位副官曾经为请示里根总统，向他做了一次反复讲述内容的幻灯片演示，等他们结束放映打开灯后，却发现总统睡得正香，并且几乎在场的所有人都睡着了。）

所以，花点时间考虑考虑你下一批观众的年龄。

设想一下，你必须在一次特别的市民会议上代表你的公司发言。该会议将在晚上七点开始，而你预料到有些观众会携家人出席，其中包括带着小孩的父母。

那么，你可以计划与在座拥有房产的业主谈谈制定新的土地用途管理规则的需要，你还一定要有心理准备，可能会有小脚丫在过道里噼噼啪啪地跑来跑去的声音，还可能会有婴儿因为饿了而大哭。

你要意识到这些干扰是不可避免的，而且可能会在你的演讲进行到最关键的部分时发生。如果你能在心理上准备好应对这些可能性（或者你已经准备了一些友好的小笑话），那么当干扰出现时，你就会少一分慌乱。

又或者，假设你是面向一群大学生讲话。首先你要运用开场白来吸引年轻人，然后要保持活跃的气氛，层层深入，言简意赅。（如果能辅以先进的视觉设备，那就再好不过了。）

观众的男女比例

提前询问大致的男女比例，并利用这类信息来准备适当的统计数据和示例。

同时，确保你引用的资料不会失衡。假如你在演讲中引用了七位专家的意见，而这七位专家都是男性，那么观众会注意到你对女性专家的忽视。相反，你的研究要采纳男女比例均衡的意见，这样观众才会觉得可信。

观众的经济状况

假设你是代表当地的电力公司发言。一个富裕的、有社区意识的群体可能会赞许你们公司向地区文化团体慷慨解囊的做法。但那些每月领着固定薪水的人，并不关心你们公司是不是每年向当地交响乐团捐三万美元。他们更愿意听到削减电费的具体措施，或者你们有没有向当地的公共图书馆捐款，因为他们每周都可以从那里借到免费的图书和影碟。

观众的教育背景

我曾经听到一位工程师向各种社会群体谈论他们公司的项目。然而，不管观众是工程专业的研究生，还是在该领域没有任何经验的退休人员，他都以同一种方式做演讲。你应该知道他那大量涉及专业技术的演讲内容对退休人员来说有多难理解。

当然，你并不需要删减演讲内容的要点，只是得用一种观众容易理解的方式来讲述。

观众的政治倾向

即使你不打算在某次演讲中提及政治问题，也需要了解这批观众的政治倾向。他们是否曾对某件国家大事表明立场？他们有没有积极支持过某位地方候选人？他们会在某些问题上坚持一成不变的观点吗？

教皇约翰·保罗二世于一九九八年访问古巴，他对自由的明确态度获得了圣地亚哥露天集会上的成千上万人的掌声。

二〇一一年，美国国务卿希拉里·克林顿在其发表的有关"非异性恋者"权益的历史性演讲中，承认了这一问题的政治敏感性，同时也明确表示"非异性恋者"的权益与种族平等以及妇女权益一样，都该受到社会的重视：

"每个人都该得到尊重，每个人的人权都该受到保护，无论他们是谁，无论他们爱谁。"

观众的文化生活

在星期天下午，你的观众是会参观博物馆、上网购物，还是带着孩子去公园？他们会读什么杂志？是《经济学家》《好管家》，还是《连线》？

所有这些信息都能帮你了解你的观众。了解观众之后，你能为他们带来更有吸引力的演讲。此外，还有一个特别惊喜是，你将能更轻松地应对观众问答环节。

那么，你要如何快速获得这些观众的相关信息呢？以下有十一个小窍门：

1. **从访问演讲组织方的网站开始，获取背景信息。** 这样你不用动嘴，就能拥有一份有关观众群体的有用信息。

2. **与邀请你来演讲的那个人谈谈。** 如果那个人太忙，无法帮助你，就问他们谁有时间回答你的问题，请他们告知对方的姓名和联系方式。不要满足于你从网站上找来的那份情况说明。情况说明可不能帮你深入了解观众的性格。

3. **要求查看之前类似活动的反馈情况表。** 看看以往的观众最喜欢什么？最不喜欢什么？

4. **如果可能的话，与之前的演讲者聊聊。** 看看他们得出了什么样的经验。什么行得通？什么行不通？如果再给他们一次机会，他们会在哪些地方做出改变？

5. **与将成为你的观众的人交谈。** 类似活动通常是什么样的？有什么事是他们特别不喜欢的吗？也许是因为找不到停车位而迟到，或者房间太小让人不舒服。除非亲自问问他们，不然这些事你是无法知道的。

我曾经参加过某历史社团的一场精彩演讲，但是由于到场观众人数太多，房间里的座位被占满，我不得不站在门口的走廊上听。此外，由于车辆过多，大家只好把车停到了相邻地段，而该地段恰巧属于一家殡仪馆。这件事并不是我编出来的——演讲进行到最后一部分时（之前的部分非常精彩，我们被每一句话、每一张图片所吸引），突然被打断了：有人通知我们赶紧把车从殡仪馆的停车场上移走，因为有一场葬礼就要开始了。观众们一下子跑了出去，也可以说是飞奔而出。他们没时间留下来参与提问环节了，演讲者也再没有机会说完早就准备好的结束语。

明白我的意思了吗？最小、最不起眼的细节可能破坏一场原本算得上精彩的演讲。为了避免让细节打败你的演讲，一定要先把所有细节了解清楚。

6. **询问组织方负责公共关系的工作人员。** 看他们能否与你分享有关组织方的有用信息。

7. **联系组织方的相关负责人。** 不过，对他们提供的信息要持保留态度。相关负责人给出的一般是"官方"信息，他们很少会将你真正需要的坦率意见提供给你。

8. **如果是去外地演讲，请访问当地商会的网站，了解该地区的地方特点。**

9. **加入社交媒体。** 可以提出问题，参与讨论，但不要做得太过头。你的目的是向现场观众传达鲜活的信息，而不是在线泄露演讲内容。

10. **动用常识。** 认真思考，坐下来好好想想你的观众，试着从他们的角度看待你的演讲主题。

11. **最重要的是，运用一点想象力。** 好奇心会给你带来回报，正如阿尔伯特·爱因斯坦所建议的："重要的是不要停止质疑。好奇心自有它存在的理由。"

顺便一提

向不同观众群体做相同的演讲并非明智之举，为什么呢？

·你最终会对重复使用相同的内容心生厌倦，而你的厌烦会表现出来。

·没有哪两位观众是一样的。不同的观众会有不同的态度、兴趣和无法忍受的事物。这里存在一种正比关系：你越是想把所有的观众都混为一谈，他们就越会忽视甚至是讨厌你。

·你怎么知道观众中不会有人在其他地方听到你做过完全相同的演讲？

这不可能吗？想想这种尴尬的情形。在某个周一的早晨，地点是纽约的华尔道夫酒店，某位部长在美国报业出版商协会的早餐会之前宣读了他对大家的祝福。

当天晚些时候，他回到华尔道夫酒店，又在美联社的午餐会上宣读了祝福。结果呢？你应该猜到了——他这两次宣读的祝福语是完全相同的，而那些参加了两次会议的观众甚至能从中挑出重复的词组。

　　更糟糕的是，《纽约时报》很快便听说了这个故事，将它刊登出来，并配上了"找不同"这个标题。

　　可笑吗？当然。前提是这件事发生在其他演讲者身上，而不是你身上。

预先进行观众分析

准备过程一旦开始，就要尽可能多地了解你的观众。尽早关注这些信息将为你省去时间和烦恼。

1. 本次活动将有多少人参加?

2. 年龄范围?

3. 男女比例?

4. 教育背景?

5. 文化背景?

6. 关于我或我的组织，他们了解多少?

7. a）他们是在哪里得到这些信息（或错误信息）的?

    b）他们是在什么时候得到这些信息（或错误信息）的?

8. 我该如何消除他们可能持有的误解?

9. a）我工作中的什么细节会让他们产生兴趣?

    b）我演讲主题里的什么细节会让他们产生兴趣?

10. 这一观众群认为什么样的信息来源最为可靠?

3 / 你将在什么地点、什么时间演讲？

人类语言里最可怕的一句话就是："我们以前一直是这么做的。"

——葛丽丝·霍普，海军少将

从多年前成为一名职业演讲撰稿人开始，我就一直密切关注自己每次发表演讲的地点和时间。有一回，我演讲的地点是在垃圾填埋场。（对，你没看错，就是垃圾填埋场。）我原以为一切都在预料之中，但忽略了一个因素：海鸥。大声鸣叫的海鸥会时不时突然俯冲下来，而且还成群结队。

我本来是打算做一次简要的发言，但很快就发现，如果你演讲的地点是个不时会遭到海鸥袭击的垃圾场，再简要的发言也无法顺利进行下去。

吸取我的教训吧。

在了解你的观众之后，下一步要做的事情就是考虑你发表演讲的地点和时间。你一定要慎重对待演讲准备工作里的这一部分。

此时，先别钻研你的演讲主题，也不要担心怎么组织材料。写演讲稿这回事更是想都不要想。在目前这个阶段，你要关注的只有演讲的地点和演讲的时间。

地点

我们先从最基本的说起。你演讲的确切地点是哪里？

- 一家大型企业的培训中心？
- 一所大学的礼堂？
- 一间小型的市政厅会议室？
- 一所高中的教室？
- 一家酒店的会议室？
- 一家剧院？
- 一座体育馆？
- 一家餐厅？
- 一处户外平台？

这些地点对演讲来说有区别吗？当然有！

准备适用于既定地点的演讲

下面用一些例子来分别说明各种情况：

• 如果你是在户外平台上发言（就像毕业典礼上常会遇到的那种情况），请时刻注意天气变化。如果六月里的雷暴突然来临，你要知道该怎么快速地给自己的发言来个"圆满的收尾"。

• 如果你要在一个大型宴会厅里发言，可以提前准备一些救场的小笑话，以备不时之需。比如，服务生突然过来给大家添咖啡，那你说话的声音就会被餐具的碰撞声淹没。

• 如果你是在酒店的会议室里发言，请带上一些文字标示牌，如"会议进行中，请保持安静"。然后将这些标示牌贴在会议室门口，以提醒过道上来回经过的人保持安静。你会发现这一招很管用。

• 如果你没去过相关地点，那么可以在线查看那里的情况，向该次活动的主办人询问相关场地的具体信息，了解你将要站在哪里，观众会坐在哪里，椅子是否可以移动，是否提供食品，如果提供的话，餐席将设在何处。

提前"查看"这一切有助于提升你在实际发言时的舒适度。

你演讲的地点是否在本市？调查清楚这些情况。不仅要考虑你发表演讲的确切地点，还要了解该地点周边的状况。

演讲地点会在一处历史悠久的纪念碑旁边？在著名的大学里？空军基地？文学界名人的雕像旁？还是位于著名的科研园区？如果是这样的话，或许可以把它们纳入发言的开场白。

将既定地点与你的演讲主题联系起来

第四十四任美国总统贝拉克·奥巴马选择在布拉格发表他任内第一次重要的外交政策讲话。二〇〇九年春季的一天，奥巴马总统从身后的雕像说起，开始了他的演讲：

> 矗立在我身后的是捷克人民的英雄——托马斯·马萨里克总统的雕像。一九一八年，在美国承诺支持捷克独立后，马萨里克总统在芝加哥对着十万余名观众发表了讲话。我觉得我的演讲无法企及他的高度（笑声），但我依旧为能追随他的脚步从芝加哥来到布拉格而深感荣幸。
>
> 一千多年以来，布拉格已经脱离了世界上其他任何地方的任何城市的掌控。她经历了战争与和平。她见证了帝国的兴衰。她引领了艺术、科学、政治和诗歌领域的革命。一路走来，布拉格人民坚持追寻自己的道路，掌握着自己的命运……

诺基亚公司前总裁康培凯在二〇一〇年的国际消费电子展上（该展览通常在美国拉斯维加斯举行），向围得水泄不通的观众发表了一次演讲。请注意他是如何利用演讲地点来吸引观众的注意的：

> 众所周知，拉斯维加斯是一座致力于追求快乐和游戏的城市。它被设计成一个虚幻的世界——一处逃离烦恼的胜地。

而我今天上午要做的却是带你们去一个跟拉斯维加斯十分不同的世界，一个极其现实的世界。

这个世界就是我们大多数地球居民生活的世界。这个世界的大部分地方都离你很遥远，就像拉斯维加斯长街的富丽堂皇那样触不可及。在这个世界里，每天都有数以百万计的人在为了生存而奋斗。

但这也是一个机会越来越多、阶级流动性越来越大的世界。在这里，创造财富的速度快得令人难以置信，新的创造欣欣向荣，商业机会不计其数，未来将比以往任何时候都更加光明。

移动通信在为数十亿人带来希望和提高他们的生活水平方面，发挥了重要作用。随着智能手机的使用在全球普及，其影响有望日益增大……

时间

你可以拖延，但时间不等人。

——本杰明·富兰克林

我们还是从最基本的开始说起。你是在哪一个具体的时间做演讲呢？

· 早餐会上？

· 上午十点左右的研讨会上？

- 午餐之前？

- 午餐时间，服务生正好在你发言时整理杯盘？

- 吃完午餐之后，人们回到工作岗位之前？

- 下午三点左右的小组会议上？

- 下午四点，作为当天研讨会的最后一位发言者发言？

- 晚上九点，作为晚餐的餐后发言者发言？

- 晚上十一点，作为晚餐后的最后一位发言者发言？

准备适用于具体时间的演讲

运用你的想象力，始终从观众的角度来思考问题——他们的脑袋里会想些什么？举例来说：

- 如果你是在早餐会上发言，那就一定要做到简明扼要。为什么呢？观众们因为早餐会不得不早起一两个小时，还会因为赶时间而被迫改换通勤的交通工具。不仅如此，他们接下来还要面对一整天的工作。如果你的发言没什么意思的话，他们会特别失望。再有，如果你的发言不够清晰简洁，而他们不能及时赶回工作岗位的话，便会把一腔怒火都发泄在你身上。

- 如果你是在下午三点左右的小组会议上发言，请提前确认你会不会是第一个或最后一个发言的人。小组会议是出了名的拖沓，最后一个发言的人一般都会觉得自己的时间"要被挤没了"。要考虑现实，必要的话做好压缩发言时间的准备。

人类学家爱德华·霍尔一直致力于研究人们怎样使用"时间"。请看霍尔在一九五九年的著作《沉默的语言》中的这一观察结果：

> 美国的工厂经理们都充分认识到了在上午或下午的中间时段来沟通的重要性，比如在上午十点或者下午三点左右，工人们会乐于暂时放下手头的工作来听他们说话。每当想发布重要通知时，他们就会问："我们应该在什么时候让他们知道？"

如果你是在晚宴（可能是为了庆祝退休或别的什么事）之后发言，要知道观众们已经吃吃喝喝好几个小时了。此时他们心情愉悦，也想保持这种好心情。所以不要让冗长呆板的发言毁了这个美好的夜晚。

阿德莱·史蒂文森说得对："我听过的最棒的餐后讲话是：服务员，买单。"

你应当要求在某个特定时间演讲吗？

如果这样做能够改善你的演讲效果，当然没问题。例如，假设你被安排在一系列颁奖仪式后发言，但你怀疑观众在听了大段的获奖感言后会变得不耐烦，而且事实证明你的怀疑是对的。这时你该怎么做？

· 态度坚决。向活动的主办者表明你乐意观看颁奖仪式，但并不愿意在颁奖仪式后紧接着发言。

  • 如果你需要用到光线较暗的房间来播放幻灯片，请要求在上午发言。避免在午餐或晚餐后立即让观众进入昏暗的房间，它有催眠作用。你最不想见到的就是自己的演讲被观众的鼾声打断吧。

关于获取媒体关注的小窍门

通过创造性地选择传递信息的具体时间和地点，你可以获取更多的关注。

例如，玛氏食品公司一九九五年宣布为旗下广受欢迎的玛氏巧克力豆推出一款颜色不同的新品，于是他们将新品蓝色玛氏巧克力豆的发布地点选在了纽约的帝国大厦，并特地让这座大厦为此次活动点亮了蓝色灯光。

卡夫食品公司在二〇一二年迎来明星产品奥利奥饼干的百岁生日时，整个上海外滩呈现出巨大的奥利奥广告（还配上了五彩缤纷的烟花）……美国七个城市中都有快闪族出人意料地突然唱起了"祝你生日快乐"……委内瑞拉则通过砸皮纳塔①这种游戏的方式，为奥利奥饼干庆祝百岁生日。各大社交媒体上更是热闹非凡，奥利奥的忠实顾客纷纷上传照片，以表达喜悦之情。

二〇一三年，孩之宝玩具公司决定替换其标志性产品大富翁游戏中的棋子，在 Facebook 网站上发起了投票，这标志着游

---

① 一种流行于世界多地的小游戏，玩的人砸破用彩纸糊成的玩偶，便会得到玩偶内部的小礼物。（若无特殊说明，本书中注释均为译注。）

戏玩家第一次对该游戏中八种棋子的设置拥有了话语权。来自一百二十多个国家的粉丝投了票。最终,位于美国罗德岛的孩之宝公司总部向全世界宣布,将用一只猫的形象取代原先那枚棋子所采用的熨斗的形象。

将具体时间与你的演讲主题联系起来

二〇一一年十月三十一日,壳牌集团当时的首席执行官彼得·沃瑟在新加坡能源峰会上发表了讲话。也是在这一天,世界人口总数突破了七十亿大关。沃瑟从这个具有里程碑意义的"历史性时刻"切入,开始了他的发言:

> 今天,是地球发展过程中的一个重要里程碑:在世界上的某个地方——很可能是在亚洲——一位母亲生下了我们这个星球的第七十亿位公民。

> 当然,我们永远都不会知道这第七十亿位公民具体是谁。我们也永远不会知道他到底出生在哪里。但是根据联合国的电脑数据估算,今天就是那个孩子的生日。

如何为你的演讲收集信息

如果我们知道自己在做什么，那这就不叫科学研究了，不是吗？

——阿尔伯特·爱因斯坦

在了解了观众的基本情况、考虑了发言的时间和地点后，你下一步要做的就是为演讲收集信息。但不要急着堆砌数据。相反，你要先坐下来想一想。

开动你的脑筋

你自己的大脑始终是最好的信息源。问问自己："对于这个主题我有多少了解？"然后把脑海中出现的想法简要地记下来。

这时不用担心怎么组织语言，你要做的只是记下一些粗略的内容。把重要的事实、观点和想法——只要是你知道的，统统记下来。可能的话，把你的笔记先放个一两天，然后再回过头去看。

下面，你要做的是把特定的信息挑出来，包括统计数据、引用语、示例、定义、历史案例、对流行文化参考资料的引用，以及采用了比较和对比等形式的具体信息。简而言之，找出具体论据来佐证你的整个论点。

还有，如果你的具体论据种类不够丰富，一定要设法添上一些。你不能在一次演讲里塞入三十八则统计数据，然后就放手不管了。你需要收集各种信息：几则统计数据，一条恰当的定义，一部分合适的例子，一次对当天新闻的大致归纳，一则个人的小趣事，还有一条专业意见。懂了吗？你需要用多种类型的信息来吸引听众的注意。

如果你不清楚要收集哪些信息，请查看本章末尾关于收集信息的清单。

舍弃哪些信息

作为演讲者，你拥有决定权：你可以选择具体的演讲主题，还可以决定保留哪些信息，舍弃哪些信息。去除无用的信息和保留有用的信息同样重要。

该舍弃的是：

· 不相关的细节

· 无聊的细节

· 任何你无法核实的信息

· 任何你不想在第二天的报纸上看到的内容

• 任何你不希望到了明年还被别人提起的内容

从观众的角度看问题

只有当你把演讲主题同观众的想法、问题和经历联系起来的时候，他们才能真正理解你表达的内容。所以，要从观众而不是你自己的角度出发来看问题。

例如，不要光想着抱怨你所在的组织的短处。就算你的某些抱怨合情合理，来听演讲的人也大多不太在意。他们自己还有大把的麻烦没解决呢。

你要做的是，将自己关注的事和观众关注的事联系到一起，找到有助于观众理解你的情感"共鸣"。

可以谈谈观众的切身利益。告诉他们要是你的组织能改善当前的状况，他们将如何受益。

例如，假设你正在为当地的图书馆做筹款演说。那么如果图书馆筹集到更多的资金，观众们会获得哪些好处呢？是更长的馆内阅读时间？周日不闭馆服务？专供儿童阅读的时间段？还是增设商务与职业中心？

从观众的角度出发看问题，你会更有效率。观众更信任和喜爱那些能真正为他们考虑的演讲者。

如何发挥统计数据的效用

有些人认为一串串的统计数据很无聊，这是因为那些数据没能以正确的方式传达给他们。

统计数据可以变得非常有趣，你只要这么做：

1. **让观众觉得你提供的数据真实可信**。试着这么说："今天我们要花一小时来谈谈在学校增设性教育课程的必要性，要知道（某个数量）的青少年可能在自己还是个孩子的时候就有了孩子。"

或者你可以说："在你今晚收看最喜爱的电视节目时，我们的戒毒咨询热线可能会接到四十五个求助电话。那些求助者中会不会有一个是你的孩子呢？"

2. **用简单易懂的形式呈现统计数据**。不要直接说你支持的候选人今年将会给她的选民邮寄（某个具体数量）百万封信件。你应该换一种说法，说该候选人所在选区的每个信箱中都会有三封信是她寄给选民的。每个家里有信箱的人都会明白这个数据意味着什么。

3. **学会取整数**。不要说"九十九万七千七百七十五位客户"，而应该说"将近一百万位客户"。让观众能轻易地理解并记住你给出的数据。

4. **间歇性地使用数据**。观众无法一次性接收多个数据。过多地使用统计数据会招致他们的厌烦。

当国际职业妇女协会的会员谈及该组织致力于改善全球妇女和女童的生活时，他们使用了令人信服的叙述型表达，而统计数据的运用则相对较少。他们仔细选取的少量数据旨在增加说服力和扩大影响。请看国际职业妇女协会二〇一三年的演讲中出现的统计数据：

a. 在所有被跨国界贩卖的人口中，有百分之七十九是女性。

b. 每三位女性中就会有一位曾被殴打、被强迫发生性行为，或终生受到虐待。

c. 在全球八点八亿成人文盲中，有三分之二是女性。

5. **将数据放在恰当的位置**。请看贝斯特韦斯特国际酒店管理集团首席执行官江大卫是如何使用数据来说明该公司在社交媒体领域的优异表现的：

"我们集团属于社交媒体的早期用户。我们在 Facebook 上发布的动态有近五十万用户点赞，这一数字是业内领先的。我们上传到 YouTube 上的视频获得的观看次数是行业平均值的二点五倍。

我们在 Twitter 上拥有的粉丝数量占总用户人数的百分之四十四，这一数量远远超过任何其他品牌。难怪康奈尔酒店管理学院的社交媒体报告中说，贝斯特韦斯特酒店管理集团在社交媒体领域的表现是整个行业中最精彩的。"

6. **让数据形象化**。试着用图像来解释你的数据。你可以说"它有四个足球场那么长"，或者"这一摞纸堆起来会有街对面的银行大厦那么高"，还可以说"它足够填满一个大到足以容纳一百节火车车厢的洞穴"。

我想强调的是，使用现实生活中真实可见的事物来帮助观众理解你给出的数字。

7. **将时间提示放在数据之前**。下面这个例子是丰田汽车北美公司的总裁寺岛茂树发表的一则讲话：

"二〇一二年年初，我们开始了从日本到北美的一系列生产变动。我们宣布在美国的印第安纳州、西弗吉尼亚州、密苏里州、肯塔基州、阿拉巴马州和加拿大的两个省进行产能扩张。这些扩张项目的投资额达十五亿美元，同时新创造了超过三千五百个就业岗位。"

快速练习一下，大声朗读第一句话，你有没有注意到将"二〇一二年年初"放在句首给观众带来的帮助？请运用这种演讲稿写作技巧：让观众在听到统计数据之前，先了解时间框架。

8. **不要因为使用数据而向观众致歉**。没有经验的演讲者喜欢说："我也不想用大段的数据来烦你们，但是……"然而在致歉之后，他们接着又会用选得不好，用得也不恰当的数据来烦自己的观众。

你要避免落入这种陷阱。如果你遵循了本章中使用数据的原则，你的数据将不会招人厌烦。实际上，它们还会为你的发言增添很多趣味。

如何引用别人说过的话

> 对于一句经典的话来说，最重要的是它是谁说出来的，其次就是谁是第一个引用它的人。
>
> ——拉尔夫·沃尔多·爱默生

观众会喜欢听你引用别人的话的，只要你能做到：

1. **引用含有修辞手法的话语。**美国第三十九任总统吉米·卡特当年在宣布自己参加总统竞选的演讲中，引用了英国前首相温斯顿·丘吉尔的话："几个世纪以来，我们没能越过大洋，翻过山脉，跨过草原，因为我们都是糖果做成的。"

2. **将引用的话融入演讲的上下文中。**不要说"我引用……引用完毕"，而是应该先暂停一下，然后加重话音强调你引用的内容。

二〇〇七年，美国马里兰州时任副州长安东尼·布朗的办公室为"黑人历史月"准备了主题演讲，当时他们引用了这句短小有力的话："我们每一个人……都有责任促进美国梦的实现。用弗雷德里克·道格拉斯的话来说，'若不加以约束，权力就会被滥用。过去是这样，将来也是'。"

3. **避免引用冗长复杂的话语。**确保引用的部分言简意赅，删除或改写"拖沓的部分"。

4. **引用语的出处要与演讲主题和观众有关。**二〇一三年，时任欧洲中央银行行长马里奥·德拉吉在德国法兰克福工商会发表了讲话，当时他引用了欧盟委员会第一任主席沃尔特·哈尔斯坦说过的话："在欧盟事务上，只有不现实的人才会不相信奇迹。"

5. **你的引用语听起来要顺耳。**在确保你能正确说出说话人的名字之前，不要急着引用他的任何话。我曾经听到一个发言人引用"德国知名作家歌德"的话。不幸的是，他把这个名字念成了"歌迪",结果造成了引用失误,发言人自身也名誉受损。

6.**发掘引用语带给人的情绪上的影响。**一九三九年,当时的英国国王乔治六世在发表那一年的圣诞致辞时,引用了自己刚刚读到的几行诗作为结语。

"我对站在新年之门前的那个人说:'请给我光,让我平安地走向未知。'他回答道:'直面黑暗,把你的双手放到上帝的手中。那比光还亮,比已知的道路更安全。'"

最后,乔治六世用一句祝福结束了他的讲话:"愿那只上帝之手能引导并支持我们所有人。"

为我们的历史爱好者加个小注:上文中的诗句是英国女诗人米妮·路易丝·哈斯金斯的诗集《沙漠》中的第一首作品《新年之门》,这位诗人当时是伦敦经济学院的一名教师。自国王在圣诞致辞中引用该诗后,《新年之门》在整个英国流行开来。该诗更是备受乔治六世的妻子伊丽莎白王后的喜爱。二〇〇二年,在伊丽莎白王太后的国葬上,应她生前的要求,大声诵读了这些诗句。

7.**审慎地使用引用语。**你的发言应当体现你自己的想法和专长,所以不要一下引用几十句其他人的话。在一次时长为十五分钟的发言中,引用一两次别人的话没有问题。但记住,随着引用次数的增多,引用语产生的效果会急剧下降。

如何使用定义

定义在演讲中用得太少。很多演讲者过多地使用统计数据,却忽视了定义的作用。这种做法很差劲，因为好的定义能为演讲增色不少。

请看以下这些使用指南：

1. **用日常使用的词汇来下定义**。避免"字典式"的定义。诸如"根据韦氏词典中给出的定义"这种话，听起来是很苍白很外行的。

2. **请参阅本书附录，学习如何给出生动形象的定义**。

a. 约翰·昆顿爵士（英国银行家）："政治家就是这样的人，当他们在隧道尽头看见光明的时候，会走出去再接着买下更多的隧道。"

b. 詹姆斯·J·沃克（纽约市前市长）："改革者是划着玻璃底的船过下水道的人。"

c. 格劳乔·马克斯（美国电影演员）："政治是找麻烦的艺术，先找到各处的问题，再给出错误的诊断，最后施以无效的补救方法。"

d. 吉米·卡特（美国前总统）："目前的税收结构……就是专为富人而设的福利计划。"

3. **用你自己的方式和语言来定义你所在的组织**。

二〇一二年，大学城科学中心首席执行官史蒂芬·唐博士在美国特拉华州做的演讲给我留下了深刻印象。唐博士从科学中心影响地区活力的角度出发，讨论设立科学中心的重要性，当时他将美国费城的大学城科学中心定义为：

"作为全国历史最悠久、规模最大的城市科研园区，科学中心自一九六三年以来一直支持着该地区的创新和创业活动。换句话说，五十年来，我们一直在创造未来。"

如何使用谚语

二〇一三年，在来自美国康涅狄格州纽敦市的家人的陪同下，纽约市前任市长迈克尔·布隆伯格谈到了常识性的"联邦枪支管理法规"存在的必要，当时在场的还有时任副总统的乔·拜登。布隆伯格在发言中引用了一则谚语来说明问题：

犹太人有这样一句谚语："记住过去是自我救赎的秘诀。"这句话告诉我们：如果忘记过去所受的苦难，就注定要重蹈覆辙。但如果我们记住了过去，并从中汲取教训，就能将自己从命运的车轮下救起。

这就是我们今天聚在这里的原因：因为我们相信，我们有责任让我们的国家免遭枪支暴力的伤害，不再让它全年无休地夺走生命、蹂躏心灵……

如何使用比较和对比

选择与观众日常生活相关的比较对象。里奥·杜罗切担任布鲁克林道奇队的主教练时，曾因在一场双方比分十分接近的比赛中未能及时将一名投手撤出，引起了观众的不满。后来，一位记者问他怎么看待人群的反应。杜罗切的回答中用了一个比喻："棒球场就像教堂。去做礼拜的人很多，能理解经义的却很少。"

在纽约市前市长鲁道夫·朱利安尼的退职演说中，他将美国纽约的世贸中心比作一个伟大的战场。在世贸中心遗址"归零地"废墟旁，朱利安尼说道："从现在开始，这里将成为被人类铭记百年千年的地方，就像欧洲和美国那些著名的战场一样……比如诺曼底、福吉谷、邦克山，或是葛底斯堡。"

二〇一二年，美国商会在斯洛伐克针对"数据保护和网络安全"的主题举办了研讨会。研讨会开始后不久，我去了布拉迪斯拉发[①]，碰巧看见美国大使西奥多·塞奇威克将发表主题演讲的公告，该演讲旨在强调美国和欧盟在双方的隐私规则方面达成一致的必要性。目的是什么呢？这样一来，数据就可以像人和物品一样在国家之间自由流通了。塞奇威克大使将斯洛伐克的经济与其他国家的经济做了比较："现在在欧洲各国中，斯洛伐克的经济增长得最快。"

如何使用例子

恰当的例子有助于将你传达的信息"印在"观众脑海里。

美国前总统乔治·沃克·布什在其有关干细胞研究的全国讲话中，举了一些极具说服力的个人实例："我的朋友中有些人的孩子患了青少年糖尿病。前第一夫人南希曾写信告诉我里根总统与阿尔茨海默症斗争的经过。我自己的家庭也曾遭遇过儿童白血病

---

① 斯洛伐克首都。

酿成的悲剧。"

如何使用奇闻逸事

观众喜欢听有趣的奇闻逸事。更重要的是，他们喜欢那些说奇闻逸事的演讲者。

本书的附录部分列出了很多参考书和网站，你可以在其中找到一些有趣的奇闻逸事。不过你不需要花费数小时在互联网上或图书馆里查找奇闻，那些最吸引人的细节往往来自你自己的经历。

被誉为"伟大的沟通者"的罗纳德·里根总统显然知道用好奇闻逸事的重要性。以下是一九八四年他与全国福音派协会分享的一则简短的个人小故事：

> 二战期间，我记得在纽约麦迪逊广场花园举行过一场集会，来向大家推荐战争债券。那场集会有很多人参加。然后，人群中有一位当时每月工资五十四美元的年轻人说了一句话，令当天在场的所有人都永远不会忘记。那个年轻人名叫乔·路易斯，没错，就是那个从棉花地里走出来的重量级拳击世界冠军。那天，这个月薪五十四美元的毛头小子在所有有名的人物离开后走到了舞台中央，他说："我知道我们一定会赢，因为我们站在上帝这边。"在他说完这句话后，人们一瞬间陷入了沉默，随即爆发出雷鸣般的喝彩声。

美国交通运输部前部长诺曼·峰田在9·11恐怖袭击事件发

生几个星期后，于罗彻斯特大学发表了演讲，讲话时他提到了自己作为一个日裔美国人的惨痛经历。峰田描述了二战期间日裔美国人所遭受的不公正待遇，并敦促人们吸取恐怖袭击事件的教训，不要再不公正地对待阿拉伯裔和信仰伊斯兰教的美国人。诺曼·峰田的个人经历为他的政治演说增强了说服力。

关于搜集信息的一些最后的总结

　　有经验的观众会质疑你的信息来源。要保证你的信息对特定的观众群体来说是可靠和恰当的。再强调一次，每个观众都是不同的，要学会采用不同种类的信息满足他们的不同需求。

　　我想重申一点：一定要在你的演讲中用到多种类型的信息。也许是一两则引用语、一个例子、一些纯粹的统计数据、一个恰当的定义、一处比较，也可以是简要地提及当天的新闻。这些不同种类的信息能让你的演讲变得更有趣、更可信、更引人入胜。

　　请注意，有些人可能会拒绝接收特定类型的信息。"喜欢数据的人"可能会认为个人的奇闻逸事有些无聊。"倾向于听别人口述的人"则可能不信任统计数据，宁愿以听奇闻逸事的形式接收信息。

　　要学会综合使用技巧，以便将信息传达给每一位观众。

　　正如美国演员贝特·迈德尔在说到自己是如何组织一场精彩的演出时提到的："我总是设法找到轻与重之间的平衡——让为人文精神落下的泪水和亮片与流苏和谐并存。"

　　这种平衡同样适用于任何试图为自己的演讲搜集信息的人。丰富的信息种类是有用的，能为我们带来一场更加难忘的演讲。

搜集信息：使用多种类型的信息

　　使用下面的清单来核对你在演讲中用到的信息的类型，量化你所收集的信息。很多演讲者会发现自己用了过多的统计数据或引用语，除此之外，其他种类的信息却无一涉及。如果你发现自己依靠的只有那么两三种信息，那就请在增添信息种类方面再加把劲。

□奇闻逸事　　　　□访谈资料（音频片段、视频片段）

□历史案例　　　　□信件（来自客户、社区、官员、供应商等）

□表格　　　　　　□新闻故事

□比较和对比　　　□民意调查

□历史上的今天　　□流行文化参考资料

□定义　　　　　　□道具

□示范　　　　　　□引用语

□权威人士背书　　□统计数据

□例子　　　　　　□专家意见

□图表

5 撰写演讲稿

対于作家来说，所有醒着的时间都是工作时间。只要是在清醒的状态下，他们就在写作，甚至经常在梦里还想着写作。

——埃德娜·费勃

好，在你进行了充分的思考，规划并搜集足够的信息之后，下面到了坐下来写演讲稿的时候。

怎样才能写出一篇优质的演讲稿呢？你要记住两点：

1. 内容简洁。
2. 篇幅短小。

那又怎样才能写出一篇精彩的演讲稿呢？

1. 使内容更加简洁。

2. 让篇幅更加短小。

在这一章里，我将告诉大家如何写出简明易懂的演讲稿。在下一章中，我将向大家提供具体的写作技巧，使你们的演讲内容能够被观众铭记。

这两章内容是本书的核心。请仔细阅读。然后拿上铅笔再读一次，将你认为重要的内容标记出来。因为这些内容是我作为一位职业演讲撰稿人总结的关于演讲稿写作的全部知识。

从不失败的写作模式

以下是一篇成功的演讲稿应遵循的写作模式。采用这一模式永远不会出问题。

- 告知观众你要说些什么。
- 依次谈论你要说的内容。
- 总结你说过的内容。

开篇：告知观众你要说些什么

我就不卖关子了，演讲稿的开篇是最难写的部分。如果你在演讲开始的最初半分钟里没能成功博取观众的注意，那么你很可能会赔掉整场演讲。

开篇要"语惊四座"——可以借用奇闻逸事、惊人的数据、引用语、个人的观察结果，或者可以联系演讲地点谈一谈……总之要使用一切可能的手段吸引观众的注意。

给你的观众带来一次愉快的聆听演讲的体验。讲一个笑话作为演讲的开篇是有风险的。如果它没能达到预想的幽默效果，那就会造成开篇的失败。所以别随便用笑话，除非你有绝对的把握能讲得好笑。就算你能做到，前提也必须是该笑话篇幅很短，而且内容跟演讲主题有关。

千万千万不要在开篇时这么说："我今天听到一个很有趣的故事。虽然这个故事与我的演讲没有任何关系，但我想它至少能逗你们笑一笑。"

相反，你可以在开篇用到以下这些技巧。

人称的使用上以"你"为主导

尽可能多地用到第二人称"你"。它能在演讲者和观众之间建立密切联系，也有助于促进观众之间产生情感纽带。这样一来，每个人都会觉得自己参与了同一个事件，并对同样的议题产生兴趣。

二〇一二年，来自美国医疗健康服务网站 WebMD.com 的儿科医生汉莎·巴尔加瓦博士，在前第一夫人米歇尔·奥巴马主持的佛罗里达州霍姆斯特德市的市民大会上发表了演讲。这场市民大会由这家医疗健康服务网站主办，旨在使每家每户过上更加健康的生活。巴尔加瓦博士专注于儿童肥胖症方面的研究。请注意她是如何用"你"这个人称来拉近与观众的距离的：

重要的不仅仅是你吃了哪些食物，还有在什么时间、以什么方式吃。你应该好好地坐在桌子旁边吃饭，而不是边看电视边吃饭。这样你才能知道你吃了些什么，才能好好地享用美食。而且要记住：尽可能地在家里吃饭，因为这样能使你健康幸福。

使用短小的句子

以下是时任美国新罕布什尔州参议员的小约翰·巴尼斯在一次毕业典礼上所做演讲的开篇：

我希望在座的每一位毕业生都知道：选择权永远在你自己手中。

你可以留下，也可以离开。你可以专注于负面因素，也能强调正面因素。你可以因为某件事怀恨在心，也能让它随风而逝。你可以选择温和的表达，也能采用批判的口吻。你可以继续走那条难走的路，也能选一条新路从头开始。你可以选择说出一切，也可以保持沉默。

快速练习：注意小约翰·巴尼斯对短句子的有效使用。数一数这两段内容中出现的每个单句的字数，大部分单句的长度都在十个字左右。

加入有关演讲地点的细节

当比尔·达尔伯格以美国南方电力公司首席执行官的身份向格鲁吉亚迪卡尔布的商会做演讲时，他以自己在当地的经历开始了发言：

> 五十年前，我父亲带着我们全家搬到了位于斯通山西南的一个名为"山景"的小社区。那里最大的一间商店是"希拉姆·科洛家的杂货店"。只要你沿着那店所在的街道继续走四百米左右，就能到达"路易斯·科洛家的杂货店"。假如你再沿路向前走一小段距离，"杰伊·科洛家乳制品和杂货商店"就会出现在你眼前。这些店可能是整个迪卡尔布县最早出现的家庭经营式连锁商店。我上学的前三年是在一间只有两个屋子的校舍里度过的。整间校舍大概只有一个取暖用的煤炉，我清楚地记得浴室是在室外。当然，迪卡尔布县现在拥有规模庞大的学校——很大，也很拥挤。现在，连这些学校的活动房屋里都装了空调。

提及结合演讲日期的内容

假如你将在六月十四日发表演讲，请先了解历史上的这一天发生过什么事，再看看当天发生的事跟演讲主题有无关联。使用"历史上的今天"这一技巧是引人注目且明智的做法。新闻媒体都喜欢用这种方法。更重要的是，这种做法准备起来又快又简单。

本书最后的附录部分详细列出了相关网站和参考书，可供你查询"历史上的今天发生了什么事"。这些资源会对你非常有用的。

引用你的职业经历或个人经历，二者都引用更好

美国约翰·汉考克人寿保险公司前首席执行官 E.詹姆斯·莫顿曾经在全美工作与家庭大会上发言，他凭以下开篇赢得了观众的信服：

> 下面，我将尽我所能地去做到鼓舞人心和高瞻远瞩……我是通过接受培训成为精算师的。大家对精算师的定义通常是：因为性格原因做不了会计师的人。鼓舞人心和高瞻远瞩通常不在我们职业技能的范畴之内。不过，我们稍微了解一点人口统计学的知识，知道如何根据数据预测发展趋势，接下来我就尽可能地按要求发言吧。

> 我还要说一句，就我个人来说，我本人的生活状况的确令我在处理家庭事务上拥有相当丰富的经验。我有一位九十岁的老母亲；三个女儿，分别是四十一岁、二十七岁和八岁；一个九个月大的外孙；以及属于美国"婴儿潮一代"的妻子，她的母亲是二战时期从冰岛来的战时新娘，跟我们不住在同一个城市，我们一般会在周末坐车去看她。以上情况使我相信，我可以将任何人提出的任何人口或家庭状况同自己的经历联系在一起。

特殊场合下的演讲开篇

▷ 如果你是作为替补演讲者发言

如果你是临时受邀过来发言的，在演讲的开篇向观众说明情况，然后马上进入下面的内容即可。不要为你是临时来发言这一事实做过多解释。

的确，观众期待的演讲者可能另有其人。但只要你能带来有趣的内容，他们也会非常乐意听你说话。真的是这样。

▷ 如果你在其他城市演讲

避免使用以下这种千篇一律的开篇语："我很高兴能来到辛辛那提／费城／瓦拉瓦拉。"

观众在听到你这么说之后，脑海中产生的第一个想法就是："为什么？"他们会问自己："他到底为什么这么高兴来到辛辛那提／费城／瓦拉瓦拉啊？"至于你演讲的地点，你是否在那里出生？你是不是在那里上的大学？你的第一份工作是不是从那里开始的？如果是，就把这些经历告诉观众。他们会因为你个人与该地的联系而对你产生亲切感。

▷ 如果你是最后一个发言的人

那么你的发言就要做到简短和生动。记住，可怜的观众们已经坐在台下听了一场又一场发言，对他们来说，那些发言可能一次比一次冗长乏味！所以，你要让他们休息一下，在发言结束时带着好心情离场。

有一次，作家萧伯纳需要在一连串发言人后面发言，于是他采取了这种方法：在主持人将他介绍完毕、听众的掌声平息下来之后，他只说了一句："女士们、先生们，对这个话题的讨论可能无穷无尽，但我们已经筋疲力尽了。"说完这句总结后，他就坐下来结束了发言。

这个故事或许值得我们学习。不过，对于那些职业演说家来说（比如奥普拉·温弗瑞这样的大明星每场演讲的报酬能达到十万美元，美国前总统比尔·克林顿的演讲报酬则高达每场二十万美元），观众们可能很期待他们好好发言，毕竟在场观众是花了钱的。

那对于并非职业演说家的我们来说呢？萧伯纳的做法或许值得参考。

关于演讲开篇的一些注意事项

你没有必要用"女士们、先生们，晚上好"这样的话作为开头，这种说法甚至可以说是不可取的。这类问候语其实都是空话。你要做的是跳过这一环节，直奔演讲主题。

大部分放在开头的致谢语也是这样。这些致谢语听起来会给人一种很客套的感觉，而客套是不能用在演讲开篇的。无论如何，要避免使用千篇一律的开篇形式。

那些因循守旧的演讲几乎每一场开头都有类似于"我为今天可以站在这里深感荣幸"的话。演讲者这么说难道不是把观众当小孩子糊弄吗？做演讲什么时候变成演讲者的莫大荣幸了？

大家都知道，做演讲不是一件容易的事。对大多数人来说，只要不让他们站起来发言，任何事他们都愿意去做。

不要面带假笑地说些无用的空话。观众们很容易识破你的伪装，却很难原谅你的做法。

如果你真对自己的演讲充满热情，那么这份热情会在你接下来的发言内容和方式中体现出来。你根本不需要用花哨的开篇语来营造虚情假意的气氛。

主体部分：依次谈论你要说的内容

> 做任何事之前都要规划一番，这样等到你真正着手时才不会手忙脚乱。

——克里斯多夫·罗宾[①]

缺乏经验的演讲撰稿人总想面面俱到，这就是他们犯的第一个错误。你需要对手头的材料加以提炼，并控制要点的数量。

如果你把全部讨论都集中在一个中心要点上，那观众理解起来也就更加容易。

如果你想着"这个话题太重要了，我一定要把每一个细节都解释清楚"，那极有可能表明你正在往死胡同里钻。

如果你想把一切内容都囊括进一次演讲，那么你的观众可能最后什么也听不明白。道理就是这么简单。

---

① 英国儿童文学作家 A.A.米尔恩的著作《小熊维尼》中的角色。

无论你的演讲要讲述什么主题，你都要先归纳材料、提炼要点、组织好材料的顺序。要做这些事可以有很多种备选的方法，选一种最适合你的即可。

时间顺序

尝试按照时间顺序划分你的材料，可以是从过去到现在再到将来，也可以是此外任何你认为可行的模式。这种方法很有效，因为它把一切要点都串联在了一起。

谈谈历史上的重大变革是如何影响人们的生活质量的。如果可能的话，还可以告诉观众，这些变革怎样影响了他们的生活质量。

因果顺序

你加入的环保俱乐部是不是策划了当地最成功的废物回收计划？那就说说你们是怎么做到的，让其他团体可以从你们的实践中学到成功经验。

你的营销计划出了问题，还导致了其他麻烦？用因果关系来组织你的演讲内容。

你所在的公益组织今年成功削减了机动车燃油的消耗量？告诉观众你们是怎么削减的，是更好地进行车辆维护、更多地选择有效率的路线，还是更好地使用了电子通信设备（比如多用 Skype 网络电话召开视频会议，减少需要开车参加的会议）等。

数字顺序

你可以选择让数字从大到小按降序排列，也可以让数字从小到大按升序排列。

假设你想向观众展示你们公司的石油产量是如何提升的。先将各阶段的产量按照升序排列，再分别在各阶段的产量旁边标注具体发生了哪些事件。这样一来，观众就能明白你们公司的石油产量为什么会提高了。

假设你想告诉观众，你所在的销售部门如何有效地降低了偷窃行为的发生率，那就要向他们说明那些数字为什么会降低。

你提到的数字必须要有人为的事件作为支撑。只有这样，观众才会觉得你给出的数字是合理的。

解决问题的顺序

你的学费援助计划出了问题？那就把相关问题告诉观众，并给出一些解决方案。

采用这一顺序时，你要坦率而真诚。如果遇到了问题，就大大方方地挑出来跟观众说清楚。还有一种可能是，观众早已了解了你遇到的问题。坦率地承认问题，会给大家留下诚实可信的印象。

此外，如果你感觉自己的解决方案并不能真正解决问题，那就不用说出来了。没有人喜欢听你故弄玄虚。

地理位置顺序

你要在公司的全国销售大会上发言？那你可以先从东部地区

的销售情况开始报告，再按照地理位置的次序一路向西介绍。

你要核对本公司下属工厂的实际支出？那你可以先从北部的工厂开始，再按照地理位置一路往南核对。

你要评估你所在的银行各分行的经营状况？可以以社区为单位逐个评估。

你要组织所在集团下属的八千名员工召开全球大会？可以以国别为单位分别招呼各国员工，要是还能用上各国的语言就更好了，比如"Guten Tag"（德语中的"你好"），"Bonjour"（法语中的"你好"），并以此类推。

英文字母表顺序

为什么不按照英文字母表的顺序来排序呢？这种排序方法对观众来说肯定非常容易理解。况且在某些特定情况下，按字母表排序是唯一可取的方式，比如在列出公司各机构或部门名单的时候。

心理需求顺序

有些时候，根据观众的心理需求来排列你的演讲内容能取得最佳效果。

对观众来说最容易接受的内容是什么？听起来最舒服的又是什么？而最有趣的呢？可以把这些内容优先排在前面。

想一想你的观众可能会表现出哪些态度。如果你不想看到他们对你的演讲表现出抵触情绪，那就请直奔主题。抓住观众感兴趣的地方，把他们最容易接受的内容放在最前面。

不要期望你说的每一句话都能为全部观众所信服。通常来说，那些有争议的观点是无法被所有观众接受的。

在谈论商界的某些敏感话题时（比如支持或反对将核能用作商业用途、劳资或管理纠纷等），也需要考虑观众的心理需求。

过渡用语

不论你使用了哪种排序方式，都请确保自己能按照这种顺序流畅地讲下去。不要从上一个话题直接跳到下一个，也不要离题。

如果你说了一些类似于"不过在谈论那个话题之前，我想先跟大家说一些有关我们公司历史的背景知识"的话，那么你在接下来的演讲中肯定会遇到麻烦。

要确保话题顺利推进，使用意义明确的过渡用语来帮助观众理解你谈的内容。你可以试试以下这些用来过渡的说法：

- 下面请看第二部分……
- 现在请看……
- 关于供应就说到这里，那么需求方面呢？
- 现在切换到西部地区……
- 我们再来展望一下未来五年……

你可以将这些过渡用语看作语言中的"信号"，它们会帮助观众跟上演讲者的思路。

特殊场合

假设你们公司现在正面临严峻的危机，而你需要向员工说明这一情况，你该怎么做呢？

1. 列出几个足以说明情况严重性的确凿事实。这一条要放在最前面。千万不要夸大事实，否则员工会质疑你的动机。

2. 给出解除当前危机的可行办法，比如缩减预算，提高产量，等等。

3. 恳求公司每位员工给出他们的意见并提供支持，确保解决方法顺利施行。明明白白地告诉他们，你对他们有哪些期望。

注意，不要把一切不好的情况都当作危机来处理，否则你会失去员工对你的信任。在职业生涯中，你最多能"碰到"一次或两次危机，不能再多了。如果你试图把一切不顺心的情况都定义为"危机"，员工就会把你当成那个总是喊"狼来了"的孩子，他们也就没有耐心再相信真的会有狼了。

▶ 如何承认你犯了一个错误

你有没有过判断失误的时候？有没有做过愚蠢的决定？有没有在某一岗位上用错过人？有没有过支持某支球队，而它却输掉了比赛的经历？有没有误走过危险的路线？

遮掩过失没有任何意义。其实大家都心知肚明。所以，还不如公开承认你犯的错误，澄清事实再准备好迎接未来的挑战。

▶ 如何引导观众的情绪

你要说到一起悲剧？一次社会危机？一场自然灾害？现实点吧。听众可能会感到疲惫、悲伤、恐惧、愤怒或沮丧。他们既没有时间也没有心情来听大段的叙述。

你甚至可能连自己的情绪都控制不好。所以，在开始任何可能导致观众情绪波动的叙述之前，先仔细想想你能否控制好自己的情绪吧。

二〇一二年，在飓风"桑迪"袭击美国新泽西州之后，当时的州长克里斯·克里斯蒂在奥巴马总统的陪伴下，发表了鼓舞人心的讲话，旨在激励该州人民无惧灾害、继续前行：

> 我昨天所说的都是真心话。我知道，悲痛笼罩着我们……感到悲痛是正常的，因为我们遭受了一些损失。幸运的是人员伤亡不多，我们该为此感谢上帝。但我们确实遭受了损失，这次飓风带来的损害是我在新泽西生活这么长时间以来见过最严重的。但就算这样，我们也不允许所有坚强的新泽西人被悲痛打倒。所以我们要站起来，我们要重建家园，我们要让新泽西州恢复原貌，这是每一个新泽西人的使命。

▶ 如何表达失望

假设你们公司的某项重大计划失败了，并且这件事情已经公开，那你接下来要做的就是告诉员工，你们之前的计划为什么会失败，然后再做一些新的规划。

你要知道，员工可能对这次失败的计划极为敏感，而且他们还害怕自己要为这次失败承担责任。要安抚他们，告诉他们计划本身并没有问题。还要告诉他们，根据制订计划时的实际情况，该计划是可行的。没有人能预测到事态会突然变化，从而导致原计划的失败。

员工只有在感觉到自己会免受指责之后，才能放下心来好好听你说话。这时你要清楚而客观地阐释问题出在哪里。你可以承认自己对此感到失望，但不要纠结于过去的失败。现在你要关注的是基于新数据制订的新计划。

▶ 如何将消极转化为积极

我这里有一个例子。

虽然对历史遗迹的保护既符合商业发展的趋势，也满足了环境保护的需要，但遗迹保护工作本身的价值经常被忽略。对很多人来说，看着那些历经岁月洗礼的历史建筑时，他们看到的仅仅是——破败的老房子。接下来，请看新罕布什尔州前参议员珍妮·福瑞斯特是怎么做的。

二〇一三年三月，福瑞斯特参议员为在新罕布什尔州召开的历史遗迹保护联合会议发表了开幕致辞。她的发言让观众和媒体意识到，原来经常被他们忽视的历史遗迹日常保护工作如此重要。她是怎么做到的呢？她用到了下面这句话：

有些人能看着眼前的建筑说："是我建造了它。"而建筑维护工作者的情况却有些不一样。他们可以指着一处久经岁月的老建筑颇为自豪地对大家说："是我让它保存了下来。"

注意福瑞斯特对第一人称的使用："我建造了它"和"我让它保存了下来"。这种演讲技巧可以使任何演讲变得更加有趣、更有说服力。

▶ 最后一点

通篇检查你的演讲稿，确保你在说了"第一点"后，还有"第二点"。否则你的观众会迷失在错乱的内容里，甚至你自己也有可能迷失。

谨慎使用"第一点、第二点、第三点"，确保在一篇演讲中最多使用一遍。如果你在一篇演讲中多次使用"第一点、第二点、第三点"，观众会被绕晕。

结语：总结你说过的内容

现在到了结语的部分。这一部分内容要简单而直接，千万不能再加入什么新想法。此时你一定要避免在结尾部分再穿插进任何附加内容。

因为现在再加入内容已经来不及了。结语可能是整篇演讲中观众唯一能记住的部分，所以一定要让这部分产生令人难忘的效果。

以下是结束一场演讲时能用到的一些行之有效的方法。

表达谢意

二〇一三年，德国总理安格拉·默克尔在新年致辞中用表达感激之情的方式作结：

> 此时此刻，我们更应该想想那些守护我们的安全的人，不论他们此刻是在我们身边，还是在遥远的他乡。
>
> 他们就是我们的军人、警察和民兵们，这些人为了保护我们做了极大的自我牺牲。通过与他们谈话，我明白了时刻有人在牵挂着他们这一事实，对他们来说意义有多么重大。今晚，我尤其想向他们表达谢意。
>
> ……让我们携手努力，在接下来的一年里继续凝聚力量、接受考验。我们的团结一心和持续创新，将为我国经济提供发展的动力。今后，德国会继续保持关爱之心，在成功的道路上继续前行。

分享你的个人哲学

畅销书《与鲨共泳》的作者哈维·麦凯曾在美国宾夕法尼亚州立大学工商管理硕士专业的毕业典礼上致辞，当时他通过分享自己的一则童年小故事成功地感染了观众的情绪：

在我小的时候，我爸爸认识一位名叫伯尼的叔叔。伯尼叔叔是靠卖菜起家的。他一生勤勤恳恳，后来成了一名水果蔬菜批发商，并因此发家致富。

每年夏天西瓜刚上市的时候，爸爸就会带我一起去伯尼叔叔的果蔬仓库饱餐一顿。伯尼叔叔会从地里现摘几个大西瓜，再切开分给我们每个人一大块。那个时候，我们都跟着伯尼叔叔学，只吃西瓜最中间的部分，也就是最红、最多汁，也最好吃的那一部分，吃完就把剩下的部分都扔掉。

我爸爸赚钱始终不多。我们从小就被教育要吃光盘中餐，不能浪费食物。在爸爸看来，伯尼叔叔算是富人，我一直以为这是因为伯尼叔叔的生意真的做得很成功。

几年之后，我才意识到爸爸对伯尼叔叔所拥有的"财富"的钦佩，因为我发现爸爸也学会了在盛夏的农忙时节暂时放下手头的工作，跟几个朋友聚在一起吃会儿西瓜，只吃中间的地方。

人是否富有并不在于钱多钱少。富有是一种精神状态。对我们当中的某些人来说，不管已经赚了多少钱，他们都不舍得暂停工作，花时间来吃西瓜瓤。而对另一些人来说，提前预支一次薪水就能让他们觉得自己很富有。

引经据典

对于悼词和追思词来说，引用《圣经》中的句子可能有助于在悲伤的观众们之间营造出冷静的氛围。奥巴马总统曾在康涅狄

格州纽敦市不同宗教团体的集会上致辞,以纪念桑迪·胡克小学枪击案的遇害者,请看他发言的结语部分:

> "让小孩子到我这里来,"耶稣说,"不要禁止他们——因为在天国的,正是这样的人。"[①]
>
> 夏洛特、丹尼尔、奥莉维亚、约瑟芬、安娜、迪伦、马德琳、凯瑟琳、蔡斯、杰西、詹姆士、格雷丝、埃米莉、杰克、诺亚、卡罗琳、杰西卡、本杰明、阿维勒、艾莉森。
>
> 上帝已经把他们都接去天国了。对于我们这些幸存者来说,我们要做的就是整理心情、继续前进,把我们的国家建设成一个值得他们回忆的地方。
>
> 愿上帝能收留并优待那些已经去往天堂的人。愿上帝照顾我们这些依然幸存于人世的人。愿他能保佑并守护我们的社会,以及我们的美国。

使用短小有力的动词

还记得语法课上学过的内容吗?记得句子成分划分中的动词、名词、形容词、副词部分吗?在撰写演讲稿的过程中,动词的使用最为重要。你要用那些短小有力的动词。你选择的动词越短小精悍,表达效果就越好。

这里有几个用了强有力的动词的例子:

[①] 《圣经·马太福音》19:14。

・美国第三十六任总统林登·贝恩斯·约翰逊曾在一次广播讲话中，针对二十世纪六十年代美国社会暴乱频发的状况说道："美国从未赋予人民抢商店、烧房子和爬到屋顶上开枪的权利。"注意他用到的短小的动词"抢、烧、开枪"，这几个词不仅都只由四个字母组成，还都是单音节词。[①]

・美国第二十八任总统伍德罗·威尔逊在一次发表于首都华盛顿的讲话中说："每个在华盛顿联邦政府机构任职的人，最后不是获得成长就是自我膨胀……我密切地关注着他们，看他们是在成长还是在膨胀。"同样，试着感受动词"成长、膨胀"[②]的表达效果。

・荷兰女王贝娅特丽克丝在二〇一三年对新加坡进行国事访问时，在发言中用到了一个特别的动词："新加坡充斥着能量！"[③]请注意这个仅由四个单词组成的短句的表达效果。

使用对比强烈的反问句

类似这样的提问效果会很明显：

"我们能承担这么做的后果吗？或者更明确地说，我们能承担不这么做的后果吗？"

---

① 原文为："There is no American right to loot stores, or to burn buildings, or to fire rifles from the rooftops."

② 原文用了"grow"和"swell"这两个短小的单音节动词。

③ 原文为："Singapore buzzes with energy!"

使用听上去令人印象深刻的词汇

· "我们应该回归以前那种传统的竞争模式，在那种模式下，取胜靠的是**实力**而不是**财力**。"这句结语用两个形式相同（都以"力"结尾）但意思相对立的词吸引了听众的注意。

· "我们通过不懈努力，将本部门打造得**出类拔萃**。并且计划使这一状态一直保持下去。""出类拔萃"一词中，"出类"和"拔萃"在意义上的重复起到了强调作用。

· "是的，我们遇到了一些问题，但已经及时纠正过来了。或许我们的口号应该改为'瞄准潜艇，击沉潜艇'。"这里巧妙地使用了头韵法，即连续使用开头的辅音字母相同的单词 。①

· "我们人事部门的培训活动严格遵循一条准则，那就是'成绩'自然源于'学习'。"② 押韵的手法可以博人眼球，但注意不要滥用。

做出庄严承诺

在美国遭遇 9·11 恐怖袭击事件之后的全国公祭日，海军中将、美国海岸警卫队队员泰德·艾伦在弗吉尼亚州诺福克市的水滨公园发表了讲话，以下是他当时的结语：

---

①原文为"Sighted sub, sank same"，为二战中一位美国飞行员发出的信号。
②原文中的"earning"（成绩）和"learning"（学习）押韵。

我们无法解答无解的难题。我们无法改变过去。我们也无法还原已经失去的东西。

　　但我们可以站在这里，告诉那些仍在受到恐怖主义威胁的人们：我们相信……

　　我们信奉的价值观是学会铭记、学会尊重、学会为职责献身。我们会铭记那些逝者，会尊重法律权威，会为履行自己的职责全力以赴，不论这份职责是什么，也不论这份职责要求我们做什么。

　　我们会时刻准备着①……随时待命。

---

① 原文为拉丁语"Semper Paratus"，为美国海岸警卫队座右铭。

6 / 如何令内容简单明了

> 所有天才的最珍贵的品格就是，能用一句话说清楚的事绝对不用两句话。
>
> ——托马斯·杰斐逊

如何做到字字珠玑

演讲稿不是写下来供人阅读的，而是用来念给别人听的。这就意味着你需要让它的内容既简单又易于被人理解。要为耳朵而写，而不要为了眼睛而写。

记住，你的发言内容对观众来说只能听一遍。这不像读书或者看报纸，碰到没弄明白的部分还能回头再读读。所以，在准备演讲稿时，你就要删除一切不易理解的部分。

千万不要止步于你的初稿内容。完成初稿之后，下一步要做的就是把它大声读出来。

初稿完成后，不要立即修改，应该隔一段时间再改。时间允许的话，写好的稿子可以先放在一旁，等到第二天或是几天以后再翻开重新审视。修改时，你可以在纸质文稿上用红笔做标记，也可以直接在电子文档中用删除键修改。要果断地把该删掉的内容全都删除。

我在本章中将一步一步地详细告诉大家如何简化你的演讲语言。主要是：

- 选择恰当的词语
- 简化词组
- 缩减句子的长度

使用简单直接的词语

请参照以下列表替换演讲稿中的词语：

原词语	替换为
精简	缩短
招待	服务
建议	说
合计	一共、总的
预期	期望
将近	大约
探知	查出、想出
萌发	生长
终止	结束
认知	知道
发端	开始、开头

原词语	替换为
使得	使
组件	部分
推测	猜想
当前	现在
已故	已死
论证	说明
渴求	想要
判定	查出
微小	小
谈话	说话
散布	传播
制作复本	复制
删减	去掉
阐明	说明
邂逅	遇到
试图	尝试
雇用	雇
连根拔除	消灭
执行	做
促进	加快
逝世	死
易于	方便
滋生	产生、造成
迄今为止	到现在
举例说明	说明
指出	说
起初	最先
询问	问
定位	找到

原词语	替换为
养护	维修
大量	很多
观察	看
获取	得到
操纵	使用
起源	开始
细读	读
促成	造成
随即	不久
重述要点	总结
休整	休息
酬劳	报酬
致使	带来
体现	是
居住	住
居所	家
保有	保持
回顾	检查
浸透	湿透
征求	问
陈述	说
严厉	严格
提交	交
后续	下一个
充裕的	足够的
供给	给
终止	结束
利用	用
腾出地方	离开

原词语	替换为
核实	证明
车辆	卡车、轿车、小货车、公共汽车

最后再说一点，林肯总统发表的葛底斯堡演说是世界历史上最值得铭记的演说之一。这篇演讲稿中出现的四分之三的词都是简单的词。我们可以以这场演讲为参考，学着依照这种模式来写演讲稿。

避免使用行业术语

对于从政的人来说，"基础设施"（infrastructure）是我们必须学会的英文单词里字母最多的一个，所以我们也经常提到它。

——卡罗尔·贝拉米，纽约市市政委员会前主席

行业术语不能用在演讲稿中。说术语会给人留下打官腔的印象，而且观众倾向于直接忽略听到的术语。有些观众甚至可能因为演讲者用了术语而对他们产生心理隔阂。所以，不要使用术语。

行业术语	通俗易懂的词
依据推测估计	大概是
概念化	想象
定案	完了、完成

行业术语	通俗易懂的词
实施	实现
接洽	聊聊
意味深长	重要
最适宜的	最棒的
输出信息	结果
界限	范围
利用	用
切实可行的	行得通

避免使用委婉语

委婉语会令一场演讲臃肿不堪，请用通俗易懂的词语替换掉它们。

委婉语	通俗易懂的词
分级策略	检验
处于不利地位的	可怜的
库存损失	失窃
积极性匮乏	懒
离开人世	死
终止合作	解雇
非法或任意剥夺生命	谋杀
未事先安排的修复	紧急修复

避免使用语义模糊的修饰语

类似"非常"、"稍微"和"极其"一类的词，由于表意不清，所以无法用来形容具体情况。要使用能够精确传达你的想法的词和词组。

▶ 语义模糊的说法：

人事部门目前相当缺人，但这一状况在不久的将来就能得到改善。

▶ 语义清晰的说法：

人事部门目前有三个岗位空缺。我们在下个月之内就能招到填补空缺的人。

谨慎使用缩略词

你自己可能很清楚 SEC 和 FCC 分别代表什么，但不要想当然地认为其他人也跟你一样。

你需要向听众解释你用到的每个缩略词。在一场演讲中，同一个缩略词多次出现的话不需要每次都解释，但至少第一次一定要解释。

缩写词也是这样，就比如 NOW（全美妇女组织）和 PAC（美国政治行动委员会）。缩写词和缩略词二者的不同之处在于，缩略词的念法是直接逐个念字母的（比如 SEC 和 FCC），而缩写词则像一般的单词一样都有自己专门的发音。这两类词可以用在演讲中，但演讲者一定要在它们第一次出现时，向听众解释清楚含义。

这类问题经常出现在军事用语中。在军事用语中，缩略词和缩写词均频繁用于书面交流，因此也难免经常会掺杂到口语中。

这样一来，在你用到军事方面的缩略词时，那些熟悉军事领域的人可能很容易理解，但是剩下的大多数观众仍然会觉得你的用法很奇怪，甚至是很讨厌。

面向普通大众做演讲时要慎用缩略词。这样你的演讲内容才能被更多人接受，你才能说服更多人，交到更多朋友。这不是你做演讲的初衷吗？

谨慎使用不熟悉的语言

美国总统大选每四年举行一次，每次的竞选人中都会出现一批新面孔。为了拉选票，部分竞选人会迎合某些外来居民群体，说他们国家的语言。这些外语包括西班牙语、韩语、波兰语等等。

但是竞选人也要注意，如果你的西班牙语说得非常流利，那再好不过了，你可以放心大胆地说西班牙语。但假如你为了讨好选民而在说本国语言的基础上掺杂一些外语单词，那请你还是饶了大家吧。好好说本国语言，免得自己丢脸的同时还侮辱了观众的智商。

从另一方面来说，如果你本来就生于或长于异国，那使用自己的母语可能会产生不错的效果。

可以先从你的母语中挑一句恰当的谚语，再把这句谚语与你的演讲内容结合起来，用你的母语将这句谚语说给观众听，停顿一下，再告诉观众这句话在英语中的意思。

只要你能把握好时机，外语谚语的使用能大大提升观众的兴趣，并感染他们的情绪。一九九二年，飞兆集团时任董事长兼首席执行官杰弗瑞·斯坦纳在纪念犹太人进入土耳其五百周年的庆典上发表了讲话，当时他在发言中加入了一句意第绪语谚语。

　　当生活在西班牙的犹太人被驱逐出境后，土耳其成了他们的一处避难所。自那以后的五个多世纪以来，土耳其一直敞开自己慈悲的胸怀，迎接逃亡的犹太人。

　　我知道。我也曾是他们当中的一员。二战期间，我们举家来土耳其避难。我们躲过了纳粹的迫害，逃离了维也纳，最后在伊斯坦布尔找到了容身之所。

　　犹太人在土耳其的历史值得铭记。

　　我们意第绪语中有一句谚语，说的正是土耳其与犹太人这段共同历史所体现的精神："A barg mit a barg kumt zikh nit tsunoyf, ober a mentsh mit a mentshn yo."翻译过来就是："两座山无法移到一处，但两个人可以。"

　　五个多世纪以来，土耳其共和国已经用事实向我们证明，善良的人们是可以走到一起的……是相互间的包容和尊重让他们越过了地理位置上的这座"大山"……拥有不同信仰的人们可以和谐地生活在一处。

　　美国前国务卿约翰·克里在参加二〇〇四年的总统竞选时，也用到了这个技巧。克里的太太是西班牙裔，因此他的西班牙语说得相当流利。这一技能在总统竞选中为他赢得了美国境内说西班牙语的地区的支持。二〇一三年，克里作为美国国务卿，出席了美国与法国外交部的联合新闻发布会，当时他在开幕致辞中说了法语。（克里在瑞士的一所寄宿制学校上学时学过法语。）法国人乐于见到他的这种做法，以至于随后出现了这样的新闻标题："约翰·克里再一次用法语展示了自己的魅力"。

避免使用带有性别歧视色彩的语言

以下是几种避免让你的演讲语言带有性别暗示的好方法。

▶ 为包含 "man" 或 "woman" 的合成词找到替代表达方式

下面这个清单会对你有所帮助。

生意人（男性）①	生意人
空姐	乘务员
清洁女工	清洁工
议员先生	国会议员
消防队队员（男性）	消防队队员
领班先生	管理人
家庭主妇	管家
保险推销员先生	保险代理人
邮递员先生	邮递员
男员工工时	员工工时
人类（男性）	人类
男劳力	劳动力
人的成就（男性）	人类的成就

---

①加（男性）的词原文中含有 "man" 或 "men"，如 "businessmen" "firemen"。

警察先生	警员
政治人（男性）	政治人
修理工师傅	修理工 / 服务人员
推销员（男性）	推销员
发言人（男性）	发言人
政治家（男性）	领袖

▷ 人称代词改用复数

修改前：对于因公出差的商务人士来说，**他**应该收好自己所有的票据。

修改后：对于因公出差的商务人士们来说，**他们**应该收好自己所有的票据。

▷ 重新组织句子的结构

修改前：公司将从财务部选出一个人，来担任旅游和娱乐委员会的主席（chairman）。

修改后：公司将从财务部选出一个人，来领导（head）旅游和娱乐委员会。

▷ 举例时交替使用两种性别的人称

修改前：面试官们对求职者的去留决定得太快，认为"**他**没有足够的专业知识"或者"**他**不是我们要找的人"。

修改后：面试官们对求职者的去留决定得太快，认为"**他**没有足够的专业知识"或者"**她**不是我们要找的人"。

要确保你并不总是先提到男性人称，调换这些词的顺序：丈夫们和妻子们，她们或他们，他或她，女人们或男人们。

简化你的表达

什么都是越简单越好，而不是简单一点儿就好。

——阿尔伯特·爱因斯坦

辞藻的堆砌会使语言变得空洞。检查你的草稿，把那些华丽、冗长和重复的表达统统删掉。用下面列出的清单作为指导：

替换掉	试试这样表达
数量巨大的	很多
数量足够多的	足够的
总计达四十二	四十二
预先规划	规划
就……达成共识	认同
如下表显示的那样	表格显示
正如你们所知道的	（删掉——如果他们已经知道了，为什么还要告诉他们？）
就在那个时候	那时
就在这个时候	现在
就在眼下这个时候	现在
这次演讲	今天
基本上意识不到	不知道
即便如此	但是
将……归因于	责怪
两个都	相似

替换掉	试试这样表达
持续时间短暂	短时间
令……注意此事	告诉
给……带来伤害	伤害
核实事实真相	核实事实
持有同样的观点	意见一致
继续做……	继续
说来也怪了	奇怪
展示出做……的能力	能够
尽管事实如此	尽管
由于这一事实	因为
最终结果	结果
同等地	同等
大概估计为	估计为
发挥领导作用	领导
坚定的承诺	承诺
免费提供	免费
为了……目的	为了
思想体系	观点、看法
给予……激励	激励
展开了讨论	讨论
召开会议	开会
暂时搁置	暂停
极为接近	接近
与……有联系	……的
参与活动的人士	参加者
在很多情况下	经常
以便于	为了
在某些情况下	有时
在……范围内	大约

替换掉	试试这样表达
在……进行的过程中	在……（期间）
如果……发生	如果
在绝大多数的例子中	经常
在……附近区域	邻近
考虑到……	因为
配备有	有
处在运转的状态	运行
注意到有	有
具有……的观点	认为
已经证明了……	（删掉）
……是为人所知的	（删掉）
如果由我推荐的话	我推荐
……或许会被提到	（删掉）
连接在一起	连接
完全逆转	逆转
做了一个决定	决定
我个人的意见	我的意见
不用说……	（删掉）
过去从来没有过	从未有过
新的发明	发明
新近创造的	新的
有……的估计	估计
从……离开	离开
具有足够的大小	够大
在全国性的基础上	全国的
在……的基础上	从
在……情形下	当
最适度的利用	最佳用途
终于做完了……	完成

替换掉	试试这样表达
过去的经验	经验
私人的朋友	朋友
以……为基础	基于
在……之前	先于
对……提供帮助	帮
开始启动	开始
深入研究	研究
继……之后	之后
采取行动	行动
主要的部分	大部分
之所以如此的原因是	因为
直到……时候	到
非常独特	独特
正在和……展开交流	与……交谈
与……有关	关于
至于……问题	关于
除了……情况	除了
其结果是	所以
将涉及大约……费用	大概要花……钱

删去没用的套话

　　如果你的演讲中充满了诸如"这是最具挑战性的一年","摆在我们面前的是一个绝佳的机会",还有"我们会积极迎接挑战,自信地面对未来"这一类的表达,那极有可能给人留下套话连篇、内容空洞的印象。遗憾的是,绝大多数商务演讲都落入了这个俗套。

　　你可以试着做个试验:去听十场普通的商务演讲,把每场演讲中"挑战"和"机会"一类的词出现的次数记下来。尤其要仔细听这些演讲的开头和结尾部分，因为缺乏经验的演讲者最喜欢在这两个部分说一些泛泛而谈的句子。

然后，再听十场在你看来是由职业演讲撰稿人代笔的演讲，比如那些由顶尖的首席执行官或是美国总统发表的演讲。这一类的演讲中，"挑战"和"机会"出现的频率会大大降低。为什么呢？因为职业演讲撰稿人在演讲稿写作方面的经验更加丰富，他们知道观众会直接忽略空洞的套话。

学习职业演讲撰稿人的做法。写完演讲稿后要通篇检查，删去那些不实际的词句。想让自己的演讲脱颖而出，你要靠的是实质内容而不是套话。

缩减句子的长度

> 如果你的句子里有"whom"，那就重写吧。
>
> ——威廉·萨菲尔

关于句子，有几个重要的方面是你应该知道的。

将时间性提示放在句首

你最先要告诉观众的就是时间范围。你要这样说："自二○○三年以来，我们已经……"而不要说："我们已经……自二○○三年以来。"

将时间放在句首的做法不仅有利于观众理解内容，也便于演讲者表达要说的东西。(快速练习：对于同一个句子，分别将时间放在句首和句末，再大声朗读两个不同的版本。你会听出不同的效果。)

将地点性提示放在句首

将地理位置信息放在其他信息之前。你要这样说："在全美，我们已经创造了……"而不是："我们已经创造了……在全美。"

同样，将地点放在句首也有利于观众更好地倾听你说的内容。

短句比长句更有表现力

试着做个小试验：从你的演讲稿初稿里抽出一页作为样本，数数这一页里每个句子的字数。把这些数字记下来，算出平均数。

如果平均下来每句话的单词数超过了二十个，那你最好缩减每句话的字数。[1]为什么呢？因为如果你写的句子过长，念出来的时候观众会很难跟上你的节奏，然后他们就会迷失方向。

不信的话，你可以把自己写的最长的句子和最短的句子分别挑出来大声朗读，看看哪一句听起来更有表现力——并且更容易被记住。

多样性是生活的调味剂

如果你写出来的全是长句，那么没有人能跟上你的节奏。

---

[1]如参照同义的中文句子，字数约为三十个。

但如果你写的都是短句，那你的演讲听起来又会十分乏味。人们都会对千篇一律的内容心生厌倦。如果你能在一个长句之前或之后穿插一个短小精悍的句子，这种对比就能帮你吸引观众的注意。

富兰克林·罗斯福总统是这方面的专家，他做演讲时对时间和节奏都有精准的把握。请看下面的例子。罗斯福总统在一个简短的六字短句后，加了一个有节奏的近四十字的长句：①

> 敌对依然存在。我们的人民、我们的国土、我们的利益依然处于重大的危险之中，我们无法否认这一事实。

里根总统也懂得如何变换与调整演讲的节奏：

> 理论上说，每个人都反对贸易保护主义。这很容易。难的是当你所处的行业或你的生意遭遇外来竞争的打压时，你能不能勇敢坚定地做出抉择。我知道。我们每天都有关于贸易保护主义的问题要提交联合国处理。

数一数他每个句子所包含的字数：第一句十六个字，然后是四个字的句子，随后的两句分别是三十八个字和三个字，最后一句二十五个字。平均字数呢？平均每句话约十七个字。

_____

①此处参考中文句子字数意译。下同。

使用主动语态，而非被动语态

下面谈到的内容可能会让你想起语法课。我会尽量说得简单一些。

以下句子都采用了主动语态，因为它们说的都是句子的主语做了什么。

- 客户咨询部每天大约要**接**四百个咨询电话。
- 我们提出的维护计划在实行后的半年内就为公司**节省**了五千美元。
- 该委员会把所有人提的建议都**记录**在一本日志里。
- 政府必须在这些合同中**添加**一些限制条款，以防止价格过度上涨。

而被动语态的句子则用以描述句子中的主语被做了什么。

- 每天大约有四百个咨询电话**被**客户咨询部**接到**。
- 我们提的维护计划实行半年后，五千美元已经**被省了**下来。
- 所有人提出的建议都**被**该委员会**记录**在一本日志里。
- 一些限制条款必须**被**政府**加进**这些合同中，以防止价格过度上涨。

大声朗读上面这些句子，你会发现主动语态的句子：

1. 听起来更生动

2. 听起来更亲切

3. 更加简短

4. 更易于理解

5. 更易于记忆

不要在你的演讲中使用被动语态的句子。被动句会给人一种僵硬、乏味和做作的感觉。

限制形容词出现的次数

> 名词和动词大多是纯度很高的金属，形容词则是较为廉价的矿石。
>
> ——玛丽·吉尔克里斯特

试试这样做——从你的演讲稿初稿里抽出两三页作为样本，将每一页中出现的形容词画出来。然后将你写出来的形容词删去一部分，再大声朗读删除部分形容词之后的版本。有没有发现演讲稿听起来比之前更干脆利落了？如果这些形容词对你的演讲真的有用，好，你尽可以把它们再放回去。如果不是真的有用，就删掉吧。

删掉副词

在我开设的演讲稿写作高阶研讨课上，我会要求来听课的演讲撰稿人做一个试验：将发到他们手中的演讲稿里的副词全都删去。问问你自己："我真的需要把这些副词再放回去吗？"大多数时候，副词只会"拖累"你的演讲稿。删掉它们，再大声朗读删去副词后的版本，仔细听一听。你很可能会发现没有副词以后，你的内容听起来更加自然了。

记住，自然流畅的演讲稿是确保演讲流畅生动的前提。一篇演讲稿中，副词用得越多，该演讲听起来就越生硬。试着比较一下：

"我们统统考虑了……"和"我们考虑了……"

"我已经回顾了……"和"我回顾了……"

"他匆匆忙忙地逃脱了……"和"他逃脱了……"

我们在日常交流中都倾向于不用副词，那为什么要在做演讲的时候用呢？

删掉"我认为""我相信""我知道""对我来说""在我看来"

这些说法出现在句子中只会削弱表达效果。将它们全部删除，你说的话将更能使人信服。

删除前：我们认为当前物价过高，而且我相信人们难以承受。

删除后：当前物价过高，人们难以承受。

避免使用以"有……"开头的句子

以"有……"开头的句子听起来也会让人觉得缺乏表现力。试着改写这些句子。

改写前：有其他可行的方法可以解决这个问题，我们一定要找出来。

改写后：我们一定要找出其他可行的方法，来解决这个问题。

谨防舌头"打结"

大声朗读几遍你的演讲稿，仔细听一听，看看有没有容易读错的地方，尤其要注意那些可能让观众产生误解的地方。一九八八年，美国前总统乔治·H·W·布什在一次演讲中因发音失误而十分尴尬：

"我和里根总统已经共事了七年半。我们一起取得了一些成就，也犯过一些错误。我们还一起做爱……呃……遭遇了一些挫折。"[①]注意，多个以字母"s"开头的单词连在一起会造成发音困难，在这一点上，老布什总统已经吃了不少苦头。请将可能导致发音失误的地方都挑出来重写。

我给演讲者上课的时候常告诉他们："如果你练习时在某个单词的发音上出现了失误，那你最好改写那个地方。"

总之要尽可能地删减

美国作家托马斯·沃尔夫在早年的写作中也存在语言不够简练的问题，以至于他的大批手稿要装在大箱子里送去出版社。我简直无法想象他的编辑，就是那位久负盛名的麦克斯威尔·珀金斯收到这些手稿时的心情。估计珀金斯会想，这位作家到底写了

[①]老布什总统将"setbacks"（挫折）错念成了"sex"（性爱）。

多少内容，才不得不用箱子来装书稿？

不过我可以确定地告诉你，对演讲者来说，冗长的演讲内容将直接导致观众放弃。那些得以坐在过道旁边或后排位置的幸运儿会直接站起来走掉。而对那些不幸坐在中间位置的人来说，他们的身体可能无法离去，但他们的思想早已神游天外了：有的人在给朋友发短信，有的人正忙着列购物清单，还有人直接闭目养神。不论形式如何，内容过于冗长的演讲都会招致观众的厌烦。

所以，尽可能地删减内容吧！

要点总结

在《政治和英语》一文中，乔治·奥威尔提出了令文章变得简洁的方法：

1. 能用简单的词就不要用复杂的词。

2. 如果删去某个词也不影响表达，那就删掉它。

3. 能用主动语态就不要用被动语态。

4. 能用日常英语说明的地方就不要用外语词汇、科技术语或行业术语。

5. 假如按照以上规则说出了什么荒唐的话，就立刻抛弃这些规则。

最终的检验

美国著名剧作家大卫·贝拉斯科曾说："如果你无法在一张

名片大小的纸片上写明自己的想法，那就说明你的思路还不够清晰。"

所以，请拿出一张名片大小的纸，看看你能不能把自己的主要想法都写在上面。如果可以，那再好不过。如果不行，那也许说明你的思路过于松散，接下来你就该概括和总结了。

文体特点

> 写演讲稿和写诗很像，都要注意到节奏、意象和布局；还要知道文字是有魔力的，文字就像孩子一样能让沉重的心灵翩翩起舞。
>
> ——佩吉·努南

每一天都有成千上万的政治家、公益组织领导人、企业高管、军事专家、医疗专家、募捐者、社区活动家、企业家和教育家在做演讲。对于他们做的大部分演讲，观众刚一离开房间，就把演讲内容忘光了——如果不是更快的话。

但也有一些演讲会萦绕在观众心头，令他们久久无法忘怀。是什么让这些演讲脱颖而出呢？答案是演讲的文体特点。

符合文体特点的演讲会自带"光环"，令观众容易记住它们。这类演讲会让观众产生一种心理诉求，他们会觉得如此重要的内容需要记下来；它们还会制造影响，使观众忍不住要引用其中的语句。

以下是职业演讲撰稿人会用到的一些技巧。

如何使用三分法

三分法是指将事物分成三个部分的处理方式。"三"一直是个强大的数字，比如：

- 三位一体
- 三位智者和他们的三份礼物
- 儿童文学：《金发姑娘和三只小熊》《三只小猪》和《三只小猫》
- 棒球用语：三振出局！
- 军事用语：准备！瞄准！开火！

带有数字"三"的事物会对人的心理产生强烈的吸引力。纵观历史，三分法已被演讲者当成了一项有效的修辞手段。

- 尤利乌斯·凯撒："Veni, vidi, vici."（"我来，我见，我征服。"）
- 亚伯拉罕·林肯："我们不能向这片土地奉献什么，不能使之神圣，也不能给这片土地带来光荣。"
- 道格拉斯·麦克阿瑟在西点军校做告别演讲时说："责任，荣誉，国家：这三个神圣的词语庄严地道出了你该成为什么样的人、能成为什么样的人、会成为什么样的人。"

· 哈里·S·杜鲁门总统在向美国国会做特别讲话时说："美国的建立是以勇气、想象力和立志完成手头工作的决心为基础的。"

· 里根总统在诺曼底登陆战役四十周年纪念日上说："苏联军队在诺曼底登陆后渗透进了欧洲大陆的中心，战争胜利后他们并没有撤出。他们依然驻扎在欧洲，不请自来、不受欢迎、不屈不挠地驻扎了近四十年。"

· 吉米·卡特在任职告别演讲中说："我们看到的地球就是她本来的样子—— 一个渺小、脆弱却美丽的星球，这也是我们唯一的家园。"

· 美国海岸警卫队司令、海军上将小罗伯特·帕普在他二〇一三年的领队讲话中说："我们要继续监督北极地区新海域的开发，以及随之而来的交通、商业和旅游活动……但随着人类活动的增多，海岸警卫队也要加派巡护。我们有权力、有责任，也有义务守护北极。"

· 美国时任空军部长迈克尔·B·唐利在二〇一二年九月召开的空军协会航空航天大会上说："美国空军的所有成员将通过全方位的操作继续保障无可匹敌的全球警戒、全球覆盖和全球执行。"

· 美国前国务卿希拉里·克林顿曾谈到关于国家安全的"三个D"，即外交、发展和国防（diplomacy, development, defense）三项工作的简便记法。

诚然，以上提到的都是从古到今的著名演说家，不过不用担心，每个人都可以使三分法为己所用。

- 一位民间领袖："承诺是存在的，逻辑是成立的，需求是巨大的。"
- 一位社区服务奖获奖者："我的志愿工作就是我的生命、我的灵感和我的快乐。"
- 一位银行经理："我们不再像从前那样滥用自己的权力，不再对我们的员工、我们的客户、我们的社区颐指气使。"

三分法能轻而易举地为口头表达增添符合演讲需求的文体风格。

宾夕法尼亚州前州长汤姆·里奇曾在费城铸币厂的一次庆典上主持了新发行的纪念币的揭幕仪式，当时他在发言中用到了三分法。

"宾夕法尼亚纪念币不仅仅是价值二十五美分的货币——这些小小的银色硬币还提醒着人们记住宾夕法尼亚州的过去、宾夕法尼亚州的骄傲和宾夕法尼亚州的承诺。这些纪念币讲述着我们的故事，象征着我们的传统，并且丰富了我们的遗产———切都在这些小小的二十五美分里。"

二〇一三年的圣枝主日这天，教皇弗朗西斯一世主持了自己当选教皇后的第一个重大节日庆典，当时他也用三分法表达了自己的发言主题，即"我们需要帮助那些谦卑的、可怜的、被遗忘的人"。然后，在谈到财富时，他没有照着准备好的发言稿念，而是引用了祖母的平民智慧语录："我奶奶以前常说，你死的时候一分钱都带不走。"

如何使用平行结构

我们可以使用平行结构来创建平衡，满足观众盼望和谐的情感诉求。

- 约翰·菲茨杰拉德·肯尼迪总统："如果一个自由社会不能帮助其中占大多数的穷人，那它也就无法保全占少数的富人。"
- 理查德·尼克松总统："在那些和平还不为人所知的地方，普及和平；在那些和平尚且脆弱的地方，巩固和平；在那些只是暂时拥有和平的地方，维持和平。"

在一篇国情咨文中，林登·约翰逊总统通过这样两句话成功地吸引了大家的注意："托马斯·杰斐逊说过，没有一个国家能够做到既无知又自由。而今天，我们可以说，没有一个国家能够做到既无知又伟大。"

如何使用意象

要令你的演讲具体、生动、多姿多彩，然后你才能清楚地表达自己的观点。更妙的是，你的观众也会记住你的观点。

- 英国前首相温斯顿·丘吉尔："一幅横贯欧洲大陆的铁幕已经落下。"

- 美国前总统赫伯特·胡佛："我们不需要为了消灭老鼠而烧掉房子。"

- 美国前总统富兰克林·罗斯福："当你看到一条响尾蛇摆出攻击姿势时，你就应该制服它，而不是等着它来攻击你。"

- 美国前总统约翰·菲茨拉杰德·肯尼迪在第一次就职演说中讲道："在过去，那些愚蠢地想骑在老虎背上的人，最终反而葬身虎腹。"①

- 美国前总统乔治·H·W·布什："象征美国的动物是老鹰而不是鸵鸟，现在不是我们把头埋进沙子里的时候。"

如何用颠倒句子成分的方式表达

对于那些成对出现的句子成分来说，调换前后两个成分中出现的词或词组，可能会制造出一些经典语句。

- 美国前总统约翰·菲茨拉杰德·肯尼迪："不要问国家能为你做什么，问问你自己能为国家做什么。"

小练习：看看下列句子中，说话人是如何通过替换关键词组中的某个词来增加趣味、制造经典语句的。

---

①老虎这一意象曾出现在多个具有历史意义的演讲中。比如富兰克林·罗斯福总统曾说："没有人能通过轻柔地抚摸一只老虎，把它驯服成小猫。"

- 美国前总统富兰克林·罗斯福在第二任期的就职演讲中说："我们以前一直都知道不加节制的利己主义将败坏品德，而现在我们又知道了它还会败坏经济。"
- 美国前总统林登·约翰逊在密歇根大学的演讲中说："在高度发达的社会里，人们关心的不再是物品的数量，而是消费的品质。"

如何运用重复

观众不会从头到尾都全神贯注于你的发言。他们的思想会开小差。他们会为手头堆积如山的工作和家里积攒的各种账单发愁。听演讲时，他们经常一走神就是半场演讲的时间。

如果你有任何重要的词、词组、句子或某种结构要传达给观众，请务必反复重申。

作为"沙漠风暴"行动中的英雄，H.诺曼·施瓦茨科夫回国后，在美国国会的联席会议上发表了讲话，当时他通过重复自己的观点向听众展示了美国军队的力量与骄傲。

我们都是志愿者，也是正规军。我们是后备军，也是国民警卫队。我们在过去的每一场战役里并肩作战，因为美国军队就是这样。

我们同时也是普通的男男女女，我们每个人都背负了自己的那一份责任，但我们没有一个人因为条件艰苦或工作艰辛而放弃，因为你们的军队就是这样。

　　我们当中有黑人、白人、黄种人和红种人，当我们在沙漠里浴血奋战时，我们并没有因为种族不同而区分彼此，我们流淌的血液都汇聚在了一起，因为你们的军队就是这样……

　　美国前国务卿康多莉扎·赖斯在二〇一二年的共和党全国代表大会上，通过重复关键性词组强调了自己的发言要点。

　　在我的记忆里，这件事好像就发生在昨天。当时我年轻的助理走进我在白宫的办公室，告诉我刚刚有一架飞机撞向了纽约世贸大厦，紧接着又出现了第二架，然后又有第三架飞机撞向了华盛顿的国防部五角大楼。后来，我们又得知另一架飞机在宾夕法尼亚坠毁，因为飞机上的乘客与恐怖分子进行了殊死搏斗，这些勇敢的灵魂为保全他人牺牲了自己。

　　从那天起——从那天起，我们对脆弱的认知和对安全的概念全都彻底改变了。

　　小练习：大声朗读这段从丘吉尔的演讲中节选出的内容。感受他通过使用重复制造出的强烈感染力。

　　……我们将在法国作战，我们将在近海和大洋中作战，我们将以越来越大的信心和越来越强的力量在空中作战，我们将不惜一切代价保卫国土，我们将在海滩作战，我们将在敌人的登陆点作战，我们将在田野和街头作战，我们将在山区作战。我们决不投降⋯⋯

如何使用反问句

用反问句将观众卷入话题的讨论中来。每次提出问题后应该稍作停顿，以便留给观众一些时间思考答案，这同时还有助于你强调自己的发言内容。

- 格莱美奖得主、加拿大女歌手凯蒂莲在呼吁人们关注动物的权利时说："我们都喜欢动物，那为什么要把它们当中的一部分养作宠物，把另一部分做成晚餐？"
- 美国演员比尔·科斯比在谈到媒体给儿童带来的影响时说："广播电视网都声称不会影响任何人。如果这是真的，它们为什么还要播商业广告？为什么我得坐在电视机前看吉露牌果冻布丁？"

如何使用对比

可以采用对比的方式来突出你的要点。运用对比能为你的语言增添光彩，它不仅有助于观众理解演讲内容，也有利于演讲者的表达。

在被提名为共和党候选人后，本杰明·哈里森在自己的提名演讲中针对南北战争期间南方美利坚联盟国士兵最终投降的做法，提出了自己的看法："他们是心甘情愿投降的；这不是一场交易，而是主动放弃。"

理查德·尼克松在他于一九六九年在美国空军学院做的一次演讲中，将两种意象做了对比："美国的国防建设绝不能像一头受惊的牛一样，而另一方面，美国军队也绝不会做任何人的替罪羊。"

如何掌握节奏

对节奏的恰当把握能使你的演讲内容直抵观众的内心。

陆军参谋长雷蒙德·奥迪耶诺二〇一三年在克林特·罗米肖上士的荣誉勋章授予仪式上发表了讲话，当时他用以下这些富有节奏的语句作结：

> 今天，我们将荣誉授予克林特——一位有着坚定信念和非凡勇气的人。我们在向他致敬的同时，也是在向那些在他身边跟他一起无私奉献的英雄们致敬，同时还向那些举起右手发誓保卫我们的国家、保卫我们的理想的全体美国军人致敬。愿上帝保佑今天到场的所有人，愿上帝保佑美国。国家的力量来自我们的军队，军队的力量来自我们的军人，军人的力量来自我们的家庭，这就是我们拥有强大军队的原因所在！

如何使用生动的词语

我们当前生活的时代比较艰难，但还不至于到世界末日。我们互相之间可以怀有敌意，却不一定要成为彼此的敌人。

——乔恩·斯图尔特，于恢复理智集会 [1]

提起罗斯福总统，人们总会想起他在珍珠港事件发生后说的那句令人难忘的话："这会是臭名昭著的一天。"

"臭名昭著"这个词在日常用语中很少出现。但它就这样突然从罗斯福的发言里跳了出来。

很少有人知道，其实在罗斯福总统的发言稿中，这句话本来是这么写的："这一天将会为世界历史所铭记。"罗斯福在改写时充分发挥了笔端的力量。

如果你希望你的演讲吸引媒体的注意，请记住用词生动关系重大。在我开设的演讲稿写作高阶研讨课上，我会鼓励来听课的演讲者尽量写出能被别人"引用"的演讲稿。为了达成这一目标，我们需要玩一些"文字游戏"。

这里的"文字游戏"不需要太复杂。事实上，最成功的"文字游戏"都出人意料地简单。只需要一点细微的变化，一个新加的词——瞧，成了！你这就写出了一句值得引用的经典语句。

美国联邦调查局曾因调查环球航空公司 TWA800 航班坠毁原因耗费的时间过长，而受到外界批评，当时联邦调查局助理局长詹姆斯·卡尔斯特罗姆是这样解释的："在这次调查中，我们需要

---

① 2010 年 10 月 30 日于华盛顿特区国家广场举行的民间集会，由美国主持人乔恩·斯图尔特发起，约 21.5 万人参与。

仔细查看飞机残骸上的每一块碎片、每一道裂缝。我们是联邦'全面'调查局，不是'显眼'事件调查局。"①

创作你自己的经典语句

•美国联邦储备委员会前主席本·伯南克提出了"财政悬崖"这一说法，用来形容除非当选的官员们愿意合作，否则危险一触即发的情形。

•二〇一三年，美国伊利诺伊州公共卫生部启动了庆祝伊利诺伊州禁烟令施行五周年的活动。当时他们为了博取媒体关注，这样形容禁烟的初衷："烟民会发自'肺底'地向我们表示感谢。"

•经济学家吉姆·奥尼尔发明了"金砖四国"（BRICS）一词，来指代经济正在崛起的巴西、俄罗斯、印度和中国。

•环境保护基金会高级副总裁埃里克·普利在就气候变化这一主题发表讲话时，说了一句值得铭记的话："现在，我们的天气好坏是由化学物质决定的。"

•纽约市参议员查尔斯·舒默曾说，如果美国试图在不限制枪支弹药购买渠道的前提下减少枪支暴力的发生，那就是"想在不戒烟的前提下预防肺癌"。

•经济学家阿尔伯特·赫希曼创造了被人们广泛使用的"退出机制"一词。

---

①原文为："We are the Federal Bureau of Total Investigation...not the Federal Bureau of the Obvious."

・芬兰总统绍利·尼尼斯托在谈到挪威国际事务协会时，用到了一个极富创意的文字游戏："北欧的经济增长不是以季度为时间单位来衡量的。用'四分之一个世纪'要比'四分之一年'更合适。"

・希拉里·克林顿在出任美国国务卿期间所访问的国家，比美国历史上任何一位国务卿所访问的都要多——其任职期间出访的累计航行距离接近一百万英里，她将此命名为"经济治国策略"。

8 怎样的幽默有效果，怎样的没效果

> 只要你能把听众逗笑，那就说明他们在认真听你说话，然后你就能把想说的一切都告诉他们了。
>
> ——赫伯特·加德纳

有些人认为演讲一定要从一个笑话开始讲起。我希望你不是这种人。

讲笑话是有风险的。只有一件事能比一个不好笑的笑话更差劲，就是这个不好笑的笑话出现在一场演讲的开头。千万要当心。

无论你想在演讲哪个部分用到幽默，都先问自己六个问题：

- 这种幽默和我演讲的主题及情感基调有关系吗？
- 我的观众能适应这种幽默吗？
- 这个小故事是不是有趣、简短、不复杂？
- 这是个新鲜的笑话吗？

・我说这种笑话是安全稳妥的吗？（要是被记者听到了呢，或者被某位博主写到博客上了呢，又或者被领导发现了呢——你担心它给你招来麻烦吗？）

・我能恰到好处地传达这份幽默吗？讲的时候能不能做到自信从容？能不能把握好时间？

如果你无法对以上所有问题都做出肯定的回答，那就放弃使用幽默吧。

幽默要轻轻带过

专业的喜剧演员都喜欢讲那些能让观众哄堂大笑的笑话。但你是一位演讲者，而非专业的喜剧演员。

不要把注意力都集中在寻找能逗得观众哈哈大笑的笑话上，因为这么做可能会事与愿违。你要做的是试着将幽默"轻轻带过"。你可以用到：

・个人趣事

・和演讲内容融为一体的小笑话

・从当天的新闻中摘录的一则趣谈

・幽默语录

・看似即兴说起的妙语（其实是计划好的）

・有趣的统计数据

・文字游戏

- 手势

- 抑扬顿挫的声音

- 扬起一条眉毛

- 在某个地方额外停一拍

- 在说某句话时突然加快语速

- 微笑

将幽默"轻轻带过"可以让观众觉得你是个大方、得体又友好的人。这会让他们愿意倾听你接下来要说的内容。

什么有效果

在演讲中使用什么样的幽默能制造最佳效果？答案是能让人觉得友好、亲切和自然的那种。演讲中用到的幽默不需要让人捧腹大笑，能让观众微微一笑或轻声地笑就足够了。

到哪里去找能制造这种幽默效果的材料呢？许多演讲者会买笑话集锦类的书，再把其中的内容根据自己的需要进行相应的改编。还有一些演讲者会在网上雇用专门的写手为自己写笑话。关于这些做法，我要告诉大家一些注意事项。

"买来"的幽默可能会有一些用处，但前提是你需要审慎地使用。

不要逐字照搬买来的材料，一定要将材料根据自己的需要和风格做相应的改写。还要记得把改写后的材料试着讲给几个人听听。切记，如果这些材料无法制造幽默效果，或是听起来并不适合由你来讲，就不要用了。

为什么不学着自己创作"轻轻带过"的幽默呢？原创的笑话要比直接从网上搬运过来的内容更有感染力。

为什么呢？其中有三个主要原因：

1. 如果你的幽默材料是自己创作的，那你就可以保证观众之前从未听过。

2. 如果这份幽默来源于你的亲身经历，那你表达起来会更加流畅自然。

3. 如果你能与观众分享自己的故事，他们会对你产生更为友好的感觉。

创作属于自己的幽默并不难，最保险的做法就是进行轻度的自嘲。试着不要在意：

• **你的名望**。有一次，一个小男孩问美国前总统约翰·菲茨杰拉德·肯尼迪他是如何成为战斗英雄的。"根本是不情愿的，"肯尼迪回答说，"他们击沉了我的船。"

• **你的出身**。林登·约翰逊总统曾经开玩笑说："很久以前，我在得克萨斯州了解到，嘴上说让一个人下地狱和真的把他送到那儿完全是两码事。"①

①林登·约翰逊出生于得克萨斯州中部地区。

·**公众对你工作的看法。**来自康涅狄格州的政治家格洛里娅·谢弗曾说："白宫①和参议院都有妇女要做的工作。"

·**你的意见。**新罕布什尔州参议院议长彼得·布莱格登在二〇一二年总统大选期间说的这句话，成功逗笑了观众（当时他在辩论州外的大学生是否该拥有在新罕布什尔州投选票的权利）："我听说过在选举当天做选民登记的，却没听过顺路投票的。"

注意，尽管自嘲是制造幽默的最保险的方式，你也不能贬低自己的专业能力。否则，观众会质疑你凭什么让他们花时间听你发言。永远不要说那些公开后会令自己在未来后悔的隐私。一次发言也就十几二十分钟，个人名誉却是一辈子的事。不要为了博人一笑而牺牲自己的声誉。

把握制造幽默的时机

一天当中，随着时间从早到晚推移，你会发现观众越来越容易被逗笑。

想想看，一大清早，人们还处于昏昏沉沉的状态。此时他们的大脑多半还不是很清醒。就算他们是在想事情，想的也是那一堆摆在面前的工作。大家只想来杯咖啡，开始一天的工作。这个时候的他们没心情听别人开玩笑——而在观众不愿意配合的情况

---

①此处原文中的"House"一词不仅指白宫，还指家庭。

下，你的幽默很难发挥效果。

所以，假如你受邀担任一次募集资金的早餐会的演讲嘉宾，那你的发言就要尽量简短。因为即使观众对你发起的话题很感兴趣，他们当下也急切地想要散会，以便开始当天的工作。这时请不要说任何复杂的笑话。所有观众大概都希望你能一句话快速带过要说的内容。

等到了午餐时间，压力已经缓和了一些。至少当天的部分工作已经完成，人们可以坐下来放松放松了。不过大家休息一会儿后还是得回到工作岗位，他们会时不时地看表，看下午两点钟到了没有，要不要回去工作。

而到了晚餐时间，人们正处于一天下来最闲散的状态。工作已经忙完了。大家都希望暂时不去想有待处理的麻烦。此时他们的心情很放松。可以满足他们的需要，讲些好玩的事逗他们笑一笑。

夜晚时分，人们的状态过于松弛，幽默可能反而起不到效果。事实上，这时候大家兴许都不在状态——包括演讲者在内！到了晚间十点或十一点，多数观众不是注意力不够集中就是思维不够清晰，或者是累到无法接收信息了。

到了这么晚的时段，你就不要想着表现自己、照着预先准备好的演讲稿念了，不论你准备的内容多风趣、多诙谐。

你要做的就是讲三四句概括性总结，向观众微笑致意，接着结束发言离开那里。大家会颇为欣赏你这种做法。

户外演讲需要注意的地方

假如你是在户外做演讲，那尤其要注意让你传达的幽默部分言简意赅。

在美国波士顿举办的提普·奥尼尔隧道启用仪式上，副州长克里·希莉说了短短的一句玩笑话，引得在场人群哄然大笑。

> 好笑的是，我们把一段新建的、穿过波士顿市中心的道路以提普·奥尼尔的名字命名，并不会对他本人起什么作用。因为虽然今天在场的各位可能并不清楚，但他家里的每个人都知道：提普是世界上最糟糕的司机！

注意，上面这段话中，作为点睛之笔的最后一句是十分简短的。

还要注意另一点，最后一句话以感叹号结尾。"提普是世界上最糟糕的司机！"标点符号在演讲稿写作中起着至关重要的作用。虽然观众一个标点也看不到，但是演讲者会看到。简单来说，标点符号有利于演讲者的表达。

如何传达幽默

> 我没有幽默感，我有的只是勇气。
>
> ——露西尔·鲍尔

有效地传达幽默能大大提升你让观众好好笑一场的概率。

对于那些说给观众听的笑话和个人趣事，你自己需要先有到位的把控。你要吃透每一个字、每一个停顿、每一处细节，还要能精准地把握时机。

想知道有效地传达有多重要吗？试着朗读一下圣·奥古斯丁在公元五世纪说过的这句话："赐予我贞洁和自制，但不是现在。"在"自制"一词后做的停顿是整个句子的关键所在。

再试试另一个练习：读读喜剧演员乔治·卡林说的这句玩笑话，记得要重重地读"一切"这个词，并在"八十岁"后稍稍停顿。"我喜欢佛罗里达州。这里的一切都跟数字八十有关，比如华氏八十度的气温，八十岁的年龄，还有八十的智商。"（注意这个笑话对三分法的运用，有了前面"温度"和"年龄"的铺垫，"智商"出现时，观众肯定会觉得好笑。）

还有效果更好的：你可以登录 YouTube 网站，观看美国前第一夫人劳拉·布什二〇〇五年在白宫记者协会晚宴上的发言。她的表现非常精彩，对时机的把握更是堪称完美。通过观看她那次发言的视频，你能学到很多关于如何在演讲中传达幽默的知识。

听听她是如何制造幽默效果的：

> 乔治总说他很乐意出席这些出版界的晚宴。他根本就是在胡扯，一般这个时候，他早已经躺在床上了。
>
> 我不是在开玩笑。
>
> 我之前有一天跟他说："乔治，如果你真想终结这世界上

的一切独裁统治，那你就该晚点睡觉。"

我嫁给了美国总统，我和他平日里的夜晚是这样度过的：一般在九点钟的时候，你们眼里的"兴奋先生"就已经睡熟了，而我基本是跟副总统夫人一起看电视剧《绝望主妇》（停顿）。女士们、先生们，我自己（重读）就是一名绝望的主妇。

最后还要注意，不要说一些听起来像自吹自擂的话，比如"我知道一个有趣的故事"。让观众自行判断你说的故事好不好笑。做好心理准备，也许他们会觉得你讲的故事并不好笑。在有人说了没意思的笑话之后，最糟糕的并不是观众的沉默，而是说笑话的那个人自顾自地哈哈大笑，这样一来，观众只能尴尬地坐在那里看着他笑。

不要为你自己讲的笑话而笑——永远不要。

9 / 特殊场合下的演讲

做好你分内的事，荣誉就会随之而至。

——亚历山大·蒲柏

不是所有演讲都会涉及重大事件。很多发言只是用在一些日常的仪式上，比如退休仪式、颁奖仪式、竣工仪式等。这些仪式上的发言不同于标准的公开演讲，它们往往篇幅更短，并且一般要从个人角度来谈。本章将为你提供一些指导原则，它们是关于：

· 如何做开场祷告

· 如何在毕业典礼上发言

· 如何在颁奖或致敬仪式上发言

这一章还将谈到一些具体的发言技巧，包括：

· 如何介绍演讲者

- 如何做即兴发言

- 如何组织小组讨论

- 如何作为一个团队出现

- 如何应对问答环节

开场祷告

> 字数越少，祷文越好。
>
> ——马丁·路德

假如在这样的场景下——你身处一场宴会，正坐在会场的发言台旁边。当晚的活动主题是为当地的一位企业主管颁发人道主义奖。

就在宴会快要开始之前，会场司仪突然接到通知，本来约好要来做开场祷告的牧师不能来了。他们需要找到替补人选，于是你收到了邀请："你愿意发发善心帮我们做开场祷告吗？"

那么，你愿意吗？或者更直白地说，你能吗？你能不能组织一篇适用于这种商务聚会的祷文？参会人的信仰可能包括基督教、犹太教、佛教等等。

这时你就要避免使用只能代表某一特定宗教信仰的祷文。你说的内容要表达对在场所有人的尊重——要照顾到整个世界和全人类的尊严。

在商务场合，合适的做法是：

- 感恩赐福

- 祝愿平安

- 祈求智慧

- 祈求处理手头问题所需要的勇气和力量

　　最重要的是速战速决。如果可以的话，发言时间尽量别超过一分钟。

　　要不要发表带有幽默感的祷告？答案是：不要。这不是你该"轻轻带过"地体现幽默感的时候。千万别说诸如此类的话："美味的食物，美味的肉，感谢上帝，我们吃吧。"（在某个民间组织的一次活动中，确实有人在开场祷告中这么说过。）

毕业典礼上的发言

> 不要把你知道的一切都显摆给人听。
>
> ——本杰明·富兰克林

　　每个人都是带着愉快的心情参加毕业典礼的。学生们为自己不再需要考试而开心，家长们为不用再为子女交学费而欣慰，老师们则为又结束了一个学年而高兴。不要用长篇大论或华而不实的发言毁了他们的好心情。

　　记住，学位服和学位帽穿戴在身上很热，折叠椅坐起来并不舒服，挤满了人的体育馆更是闷热难耐。听从富兰克林·罗斯福总统的建议，你的发言要做到"简短、真诚、到位"。

　　当然，发言内容要力求鼓舞人心、思想深刻、积极向上，或是令人难忘。

奥斯卡奖得主、著名女演员梅丽尔·斯特里普就做到了这一点。在回到母校瓦萨学院为毕业生致辞时，她鼓励毕业生要追求卓越，即使生活有时会很艰难。"如果你还甘愿和魔鬼生活在一起，"梅丽尔说，"那瓦萨学院就没能让你全力以赴。"事实证明，这句话非常适合被用作毕业典礼上的发言——它不仅容易被观众记住，还注定会被媒体引用。

发言的时间最好控制在八到十二分钟之间。如果你超过了这个时间长度，观众可能会变得极不耐烦。毕竟，毕业班的学生已经不用再担心自己会受到校长或学院院长的责备了。他们可以随心所欲地说话、打哈欠，甚至喝倒彩。不要事先给你发言的时间长短下定论。我曾经听到一位演讲者在毕业典礼上跟观众保证他的发言会十分简短。结果尴尬的是，一些不安分的学生向他喝了倒彩。

你要知道，六月的天气可是出了名的变化无常。如果毕业典礼在室外举行，你就要密切关注天气变化，随时准备好精简内容，以防突然下雨。

另外，请确保你的学位帽戴紧了（在毕业典礼上发言的人需要穿戴学位服和学位帽）。不止一位发言人曾因为学位帽被风吹跑而中断演讲。

颁奖仪式上的发言

学校里有一句古老的格言，

只有傻瓜爱听奉承；

但就算是自诩聪明的人，

偶尔也会受用几分。

——乔纳森·斯威夫特

不论是拥有四十年工龄的退休人员、为公司出谋划策节省开销的员工，还是拯救了顾客性命的电话安装工——所有这些人都应该得到某种专门的认可，而你可能会收到发言邀请，向这些人当中的某一位致敬。以下五条指导原则应该会帮到你：

1. **不要吝惜你的赞美**。如果你的一位员工冒着生命危险拯救了顾客的生命，现在你要为此向他颁发特别奖，那你必须要给出高度的赞美，以呼应当前的场合。告诉他他的举动产生了多么大的影响吧。

2. **发言内容要明确**。你说的所有话都要明确针对获奖者，以防这些话也适用于获奖者之外的其他人。颁奖仪式上的发言千万不能给人留下程式化的印象。例如，某位获奖者为公司工作了四十年才退休，那你可以提及两三个他参加过的具体项目，谈谈他的参与给这些项目带来了哪些贡献。

3. **发言内容要有个人特点**。你是在向一个有血有肉的人致敬。要知道你的致敬对象也有自己的个性和弱点。关于如何使自己的发言内容做到体现获奖者的个性，这里有一个好方法：询问致敬对象的家人和朋友，了解你的致敬对象在他们记忆中的样子。你的发言内容应该包括一些跟"现实生活"有关的故事。

4. **发言要真诚**。假设你要给一位素不相识的人颁奖，那就不要装作你们之前认识或是关系好。你只需要从活动主办人那里获取一些这个人的基本信息，再把这些信息用真诚而直接的方式跟大家分享。例如："凯伦的主管跟我说了，凯伦是怎样救回了一个小婴儿的生命。我为自己能认识凯伦并站在这里为她颁发杰出表现奖而高兴。能有她这样的员工，我非常自豪。"

5. **发言内容要鼓舞人心**。哈佛大学彼得·戈麦斯教授在悼念马丁·路德·金的仪式上说："我们能记住马丁·路德·金并不是因为他的成功，而是因为我们的失败；不是因为他做了什么，而是因为我们必须做什么。"

介绍演讲者

如果你的任务是向观众介绍某位演讲者，那很简单，你只需要联系这位演讲者，让他给你一份个人书面介绍——不是个人简历，而是你可以传达给观众的书面介绍。

一份好的介绍应包括哪些内容

好的介绍要做到简短——当然不能超过三分钟，最好是一到两分钟。介绍中要告知观众以下内容：

- 为什么选择这位演讲者
- 演讲者来自这一组织

- 将谈论**这一话题**
- 发言将面向**这些观众**
- 将在**这一时间**进行

到位的介绍要将以上信息以友好而亲切的方式传达给听众。它听起来不能像个人简历，不能是单纯地照着活动方印出来的个人资料宣读。

如果演讲者提供给你的书面介绍很乏味，你可以将它改写成更有趣的版本。例如，你可以将原材料中列出来的一长串专业组织名称删去，代之以一件可以体现此人性格的个人趣事。

如果演讲者提供的介绍内容过于自谦，那你可以加进一些足以体现其优异品质的材料。条件允许的话，可以引用演讲者说过的话，或引用其他人对此人的良好评价。

▶ 介绍中要做到：

- 确保你能准确地念出演讲者的姓名（提前查证发音），在介绍时要反复提及该演讲者的姓名，让观众听清楚。

- 在介绍结束时，要面对观众（而不是演讲者），并再次重复该人的姓名："没有比佩吉·史密斯更有发言资格的医院行政人员了。"

- 然后转向演讲者并微笑。

- 在正式场合要一直鼓掌，直到演讲者来到你身边，与其握手，再返回你自己的位置。

・在非正式场合，演讲者起身后你就立即坐下来，同时开始看向讲台。

・密切关注发言的开头部分。演讲者可能会在这个部分提到你，你要做好微笑或点头回应的准备。

・仔细规划这一流程。提前告诉演讲者你介绍中的最后一句话会是什么，以便让对方将这句话作为提醒自己准备发言的暗示。

▶ 介绍中"不要"做：

・不要让介绍部分过于精彩，以免抢了演讲者的风头。（让演讲者做主角。）

・不要试图对演讲者的发言内容加以概括总结。（你可能会曲解演讲者发言的重点，而这会导致演讲者处于不利的境地。）

・不要盗用演讲者的发言材料。（如果演讲者在上星期跟你吃午餐时告诉了你一个有趣的小故事，不要在介绍中盗用它。因为演讲者可能已经计划要在自己的发言中提到这个故事。）

・不要依赖自己的记忆。（要将你做介绍的具体内容从头到尾写出来。）

・不要即兴发挥。（很多"临时"组织的评论最后都被证明是愚蠢的，尤其是在喝了几杯酒之后说出来的那些。）

・不要提及演讲者的任何负面状况。（例如，不要说"我们很高兴地看到约瑟芬的心脏病终于好了，这样她今天才能跟我们一起出现在这里"。这一类的言论不利于被提到的人放松心态。）

・不要试图代替观众做判断，比如在介绍中说"这将是你们听过的最有趣的发言"。（让观众自己来判断。）

・不要给演讲者施加压力，比如"现在，让我们看看他是不是出色的演说家，我希望会是"。（我曾经听一位首席执行官这样做介绍，当时那位被介绍的演讲者吓得脸都绿了。）

介绍中永远不会起好作用的五种陈词滥调

这些陈词滥调会对你的介绍产生反作用，同时遭殃的还有要接在你后面发言的那个可怜的家伙。不要说：

1. "女士们、先生们，接下来的这位演讲者不需要我来介绍……"

2. "她的声望已经足以说明一切……"

3. "无须多说……"

4. "女士们、先生们，这——是……"

5. "我们真是幸运的观众，能在最后一刻找到一位愿意当替补的演讲者……"

以上所有的话，我都听某些看似聪明的人在介绍环节说过。我真心希望自己没有听到这些话，其他观众也跟我一样。

即兴发言

马克·吐温曾说："准备一场精彩的即兴发言通常要花三个

星期以上的时间。"

唉，他说的是对的。如果你要出席一个会议，可能会有人邀请你发言，那你就要提前整理思绪。

问问你自己："这次会议上可能会发生什么？将有哪些人参加？参加的人大概会说些什么？有没有什么存在争议的话题？会有人向我提问吗？我该如何回答？"

将那些你觉得可能会被提及的话题记录下来。试着练习做几次即兴发言，直到你觉得发言内容听起来舒心，并且具有说服力。一定要大声地练习，你的想法只有说出来并被人听见才算数。

也许会议上出现的最可怕的事，就是有人请你给出自己的答案、观点或分析，而这些要求完全出乎你的意料。你之前从未思考过类似的问题，也没有任何有用的事实或数据来支持。看来你遇上大麻烦了，对不对？

其实未必。只要你能保持镇静，那么无论怎么表现，观众几乎都会原谅你。头抬高，背挺直，肩膀放松，做到眼神机警、声音有力以及态度温和。

最重要的是不要道歉。永远别说任何一句类似这样的话："太抱歉了，我非常尴尬。我事先不知道你们会请我发言，现在手头也没有任何有用的信息。"

没有人会指望你在这种情形下发表主题演讲。谈谈自己的看法就行了。如果你暂时想不到合适的答复，那就保持镇定，直视听众的眼睛，用沉稳的语调说："我不知道。我会回去研究研究再来跟你们讨论。"

如何组织一场即兴发言

- 定下你要谈论的话题——要快!
- 为既定话题做准备。不要中途更改话题或调换观点。
- 停顿些许时间来整理思绪这一做法没有问题。观众不会因此觉得你愚蠢。相反,他们会佩服你可以在短时间内迅速整理思路。
- 必要的话,开头可以说得宽泛些,以便拖延时间。"撤销管制的确是当下的热门话题",这类的话可以为你额外增加几十秒的时间来组织答案。
- 或者你可以通过重复问题为自己争取时间:"你刚才问了我撤销管制会给业内带来哪些改变这一问题。"重复对方的问题还有一个额外的好处,它能确保听众知道你回答的是什么问题。
- 提出两三点论据来支持你的答案就足够了。不要列一连串细节惹大家烦心。
- 最后要用一句有力的总结结束你的即兴发言——一句人们会重点关注的点睛妙语。
- 不要絮絮叨叨。一旦说完类似最终总结的话后,你就该立刻结束发言。

小组讨论

作为组长该怎么做

- 提前三到四分钟请参与讨论的小组成员就座——这个时间正好够他们按次序领取资料，又不至于领到资料后在座位上等太久。

- 确保他们每个人的位置上都有饮用水，桌上还要多预留几瓶水。

- 提醒讨论小组的成员关掉各自的手机。

- 讨论小组成员的姓名牌尺寸要够大，便于辨识。

- 准时开始小组讨论。确保所有参与者都能清楚地看到时间。

- 讨论开始后及时介绍你自己。我曾经遇到过这样一位讨论小组组长，她是一位编辑，她在讨论开始后漫谈了十七分钟才说出自己的名字。当时在座的观众纷纷窃窃私语："她是谁？她是谁？"我敢肯定他们同时也在想："她在干什么呢？"

- 为观众提供舒适的环境。如果有人站在会场后面听你们讨论，你可以告诉他们前面有座位，然后略作停顿，以便让这些观众坐到前面来。如果一开始不注意这些琐事，之后你们进行小组讨论的过程中，就会一直受到观众发出的噪音的搅扰。

- 介绍讨论小组成员时，至少要把每个人的名字说两三遍。除非你介绍的是著名作家 J.D. 塞林格，否则就**不要**用首字母代替完整的名字。不要只说姓氏不说名字。

- 讲明白小组讨论的意图。

- 说清楚小组讨论的具体流程。（分配给每位成员的发言时间、辩论的时间、问答环节等等。）

- 给每位成员一个"发言时间还剩三十秒"的提示，便于他们圆满完成自己的发言。一个有效的方法是，你可以向他们出示写着"三十秒"的三英寸见方的卡片。

- 如果讨论小组成员的发言超时了，那你要及时打断他们，当然在打断时态度要友善，并给他们十五秒时间结束发言。

- 不要让任何一位成员打乱你的时间安排。要学会坚决而冷静地说："谢谢你，史密斯夫人，但是你的发言时间已经用完了。"

- 按照既定安排及时结束整场小组讨论，结束时要简单地向每位成员和观众表达感谢。

作为小组成员该怎么做

- 准备好应对最坏的情况。缺乏经验的组长可能不清楚前边提到的那些原则，那你就要尽自己最大的努力扭转局面。

- 如果组长忘了准备姓名牌或是没能正确念出你的名字，那你就要在发言开始时对观众说："大家好，我是某某（姓名）。"

- 如果组长没能充分地介绍你，那你要在发言中简短地说一下你的个人资历，并向观众解释你为什么会参与当天的小组讨论。无论如何都不要责怪组长忽略了你。

- 为你的发言定个好题目。这样做有多方面的好处：首先，它向观众解释了你在讨论小组中的具体角色；其次，它奠定了你发言的基调；最后，它能使你的发言听起来更专业、更有条理。在面向全美商业经济协会发言时，费城联邦储备银行行长安东尼·桑托莫罗就给自己的发言定了一个直截了当的标题："货币政策的得与失"。

• 如果你是小组中最后一个发言的，而且留给你的时间已经不多了，那你要知道如何精简发言内容。

• 如果另一位成员在时间到了之后拒绝结束自己的发言，组长也无法控制局面，那你可能要被迫出面维护自己的权益。这么做时要有自信——可能还需要用到一点幽默感。在我的职业生涯中，我曾出面制止过一些长篇大论的成员。我并没有因为介入而感到尴尬——一点也没有。事实上，我还将自己的这种做法视作为大家服务。

关于小组讨论的一些小提示

对于很多组织来说，小组讨论已经成了家常便饭。的确，配合良好的小组讨论能博得观众的掌声，但其中也埋着可怕的陷阱。你要清楚自己在做什么。

以下是一些建议。

▶ 发言开始前：

1. **选出一位组长作为负责人。**这位组长需要掌控全局，从最开始的头脑风暴到正式发言前最后一次彩排都要负责。

2. **定好最后一次彩排的时间**。彩排时间要预先定好，而且一旦定下来就不能随意更改。彩排的最佳时间是什么时候？是正式发言的前一天。讨论组成员需要足够的时间来对自己的材料和幻灯片做细微的修改，但时间又不能提前太久，以免他们做出颠覆性的改动！（这是我作为演讲培训师见过的人们常犯的严重错误之一。小组成员在彩排后决定改写发言的全部内容，结果留给练习的时间所剩无几。）

3. **尽早请一位发言教练**。优秀的发言教练都需要提早预约。不要等到最后一刻才想起要请教练。

4. **一切安排都要告知每位成员**。告诉他们会见时间、内容主题、视觉概念、提交发言内容的截止日期、会上分发的文字材料的要求以及彩排时间。

5. **分配好每位成员的任务**。只有鲍勃一个人知道他该做什么是不够的，组内的其他成员也要知道鲍勃该做些什么。绝不能让他们提出"幻灯片谁来做？"这种问题。为防混淆，要分工明确，详细列出每个人的任务，不留空白。

6. **发挥你们团队的独特优势**。小组内谁的声音最动听？就选那个人来欢迎来宾。谁最会讲故事？让这位成员讲一个吸引人的故事来开启本小组的发言。谁最有说服力？让她来讲具有争议的部分。谁最熟悉多媒体设备？请他来负责所有的幻灯片演示。谁最了解观众？问答环节就交给他了。

7. **避开弱势**。如果苏通常会花大量时间讲解图表，那就让组内的其他成员来负责图表部分。

8. **构建连贯性**。确保每位成员的发言都能与全组的主题联系起来，成员与成员之间的过渡要流畅，坚决删去重复的部分。（小组成员间应该互相**补充**，而不是彼此**重复**。这两种做法是有区别的。）

9. **设定一系列截止日期**。多个截止日期能让每个人按时完成自己的任务，并能让最终成果的质量更好。不要等到彩排时才发现某个人的发言建立在错误的研究基础之上。

10. **仔细地规划彩排**。注意时间。多次停顿是十分浪费时间的，多媒体演示花费的时间也经常超出预期。

▶ 发言进行中：

1. **所有小组成员要同时就座**。如果有三位成员九点一刻到场，但第四位直到九点半还没出现，对观众来说就是一个不好的兆头。

2. **充分介绍每位成员**。在我早先出版的另一本书中，我给出了关于如何"介绍"的具体建议。那本书是《你能说些什么吗？》（圣马丁出版社，二〇〇六年修订版）。

3. **认真聆听其他成员的发言**。认真地聆听意味着良好的眼神交流、专注的肢体语言、恰当的微笑以及偶尔点头以示同意。

4. **谨慎应对问答环节**。最尴尬的莫过于，某一位小组成员要负责回答观众的所有问题，而其他的人像塑料模特一样坐在那里一动不动。鼓励大家参与进来。问答环节应当体现团队精神，而且应当和发言本身一样流畅。

问答环节

> 没有尴尬的问题，只有尴尬的回答。
>
> ——卡尔·T·罗恩大使

问答环节既有可能成就一场精彩的演讲，也有可能毁了你的整场演讲。要让问答环节为你服务，而不是跟你对着干。

你需要像准备发言内容一样仔细地准备问答环节。每次都要逐一列出观众可能会提的问题。现实一点。如果你的演讲主题具有争议性，那你就要准备应对不容易回答的提问。

咨询那些经常处理此类提问的熟人，比如消费者权益倡导者、会计师、公关人员。请他们检查你列出的观众可能会提的问题，看他们有没有什么要添加的。

不要一下子被观众提问的难度吓倒，不要让自己处于被动的防守状态。你要做的是想出一些有利于自己的回答。然后大声练习这些回答，如果你无法表现得具有说服力，就算你的回答本身具有说服力也是枉然。

以下十条实用的小提示有助于你应对问答环节：

1. **要面向全体观众接受提问**，不要只回答某一部分观众的问题。

2. **仔细聆听每个问题**。在听的过程中，不要过于明显地展现笑容或是皱眉，把这些反应都留到回答时再表现出来。不要为了表现你理解听众的提问而拼命点头，这样大家可能会觉得你只是机械地赞同所有提问。

3. **注意你的姿态和身体语言。**不要坐立不安，这会让你看起来很焦虑。例如，千万不要在别人提问时不停地按圆珠笔。

4. **平等地对待每一位提问者。**不要试图用"问得好"之类的话来赞美某位提问者，这暗示了其他人的问题问得不好。尤其要注意，不要只顾着奉承来自上级的问题，却对下级的提问置之不理。

5. **将正面的问题复述一遍。**这样既确保其他人能听清楚问题是什么，又能为自己额外增加几十秒准备答案的时间。

6. **对负面的问题稍加解释。**这能帮助你奠定回答的基调，把握回答的重点。不要复述任何激进的言论。（比如："为什么我们要将为公司工作了这么多年的老员工统统开除？"）如果你原封不动地复述了这句话，最后可能会被传成这句话是你说的。

7. **先看一眼提出问题的人。**之后再与其余的全部观众进行有效的眼神交流。

8. **回答要简单、直接。**如果你的答案过于冗长，观众可能会觉得你是在拖延时间，以躲避接下来更多的提问。

9. **不要展开来讲你的答案。**你说得越多，被挑出错误的可能性就越大。记住美国前总统卡尔文·库利奇说过的话："我从来没有因为没说过的话而受到攻击。"

10. **别用"这将是我们的最后一个问题"这种话来限制自己。**假如那个问题碰巧很难回答而你又答得很差，就会令你陷入不必要的劣势地位。你应该说："我们还剩下几分钟，还有人要提问吗？"如果你对这个提问的答案很有自信，那就可以将它作为最后一个问题，并就此结束问答环节。如果对自己的表现还不够满意，那你还可以选择接受下一个提问。

如何应对问答环节出现的特殊情况

· **如果没有人提问。**这时不要沉默地站在那里，你可以问自己一个问题。试试这么问："上周我在向商会发言时，好几个人问了我关于我们建造新工厂的计划。下面我就花点时间跟大家谈谈这个问题。"

· **如果某位观众提出的问题你已经在之前的演讲中谈到了。**那就再谈一遍。也许你之前说得不够清楚，那你可以试着换一种表达方式。如果你在发言中用了一则奇闻逸事来说明该问题，那么在问答环节，你可以改用统计数据或引用语重述一遍。假如观众没能听懂你的第一种表达方式，或许第二种、第三种他们能够理解。

· **如果某位观众提出的问题已经被其他人问过了。**此时不用再答一遍。通常回以"我相信这个问题我之前已经回答过了"就够了。

· **如果某位观众试图将自己的提问变成一场长篇大论的演讲。**那么你就要礼貌而坚定地制止他们。打断这名观众的漫谈，请他直接说重点并给出问题——"以便节省时间。"其余的观众会欣赏你的这种做法，因为这说明你很珍惜他们的时间。这时可以用到手势。在打断提问者的同时，将手慢慢举到胸前。这个表示停下的手势有助于强化你的语言。

- **如果某位观众提了完全不相干的问题（可能是关于你私生活的问题）。**你可以直接回答："不好意思，这不在我们当前讨论的范畴之内。"然后结束回答。

- **如果某位观众提的问题没有条理。**那你应当只挑其中一部分作答，忽略其余部分。回答的那部分自然要有助于巩固你自己的发言要点。

- **如果你不知道答案。**那就直接说不知道，表示自己事后会查好答案再发给提问的观众。

- **如果时间已经用完了。**跟大家说抱歉，说自己没有时间回答所有的问题，并表示那些想继续探讨该主题的观众可以在活动结束之后联系自己——可以在午饭后或下午茶的时间。

如何应对带有敌意的提问

假设你是某家电力公司消费者权益部门的经理。现在你刚刚结束面向某社区团体的发言，发言主题是节约能源。这时观众之中有人举起了手，向你提了这样一个问题："你怎么敢站在那里谈权益保护，你们公司还有数以千计的老员工过着贫困的生活，你不知道吗？你想怎么安置他们？让他们边纳税边喝西北风吗？"

你该怎么应对这一提问？你的回答必须十分谨慎。

带有敌意的问题并不是没办法回答。只是回答此类问题需要用到特殊的技巧。你要学习这些技巧并多加练习。现在就开始学吧，以备不时之需。不要等事到临头了才着急，到那时就太迟了。

你要明白自己作为演讲者，拥有三项基本权利：

- 得到公平对待的权利
- 对自身状态和演讲局面的控制权
- 使演讲内容被正确理解的权利

记住，你是受邀来演讲的嘉宾。观众中没有人有资格取代你的位置或曲解你的发言内容。你要专注于怎样才能向观众解释清楚自己想表达的意思。每次在准备问答环节时，都要选出两三个你能用一句话解释清楚的论点。将这几个论点记下来，在问答环节陷入困境时，这些论点可以作为你的突破口。

所有带有敌意的问题都能通过重新组织语言转变为你的核心论点，比如：

问："你们建造大型公寓楼这种异想天开的计划会摧毁我们的街道和家园。你们想对市中心做什么？毁了它吗？"

答："你问的是我们的中心城区改造计划。"（重新组织问题的语言）"那听我说吧，我们计划建设一个健康的市中心，在那里，人们可以幸福地生活，商业能够繁荣地发展。"（核心论点）

不要惧怕带有敌意的提问，就像埃德蒙·伯克说的那样："那些反对我却没能毁灭我的人，只会让我变得更强。"

还有至关重要的一点，不要侮辱任何人。"我决不会在问答环节侮辱任何人，这种做法很刻薄，也很危险。"你现在心里是不是这么想的？

你是对的。在问答环节侮辱任何人都是刻薄而危险的。但那些欠考虑的演讲者总喜欢这么做。以下是一些错误的示范，我们要从中吸取教训。

　　某观众："这家公司为什么会拥有这么多额定股本？这也太多了！"

　　演讲者："你知道额定股本和已发行股本之间的区别吗？已发行股本是指——"

　　某观众："你的意思是，我不知道自己在说什么吗？"

不要误伤观众的自尊。要带着尊敬的态度聆听他们的提问，然后可以试试这种说法："为了全体观众着想，请允许我解释一下额定股本和已发行股本之间的区别。"

　　某观众："你们为什么不在这种药物上市以前多做些测试呢？"

　　演讲者："如果你认真听了我刚才的发言，答案就很明显了。"

不要当众说这种话，以免提问者下不来台。如果他们感觉受了羞辱，就会记在心里，然后奉还给你的。

注意，"明显"是一个带有感情色彩的词。它经常带有贬损的意味。毕竟，如果某事是显而易见的，那提问者怎么会没有注意到呢？他们难道是傻瓜？

在一次重要会议上，一位激动的质问者主宰了问答环节。结果演讲者的挫败感越来越强，最后他命令那位质问者："我请你赶快坐下！"

当然，那名观众很享受这种被人关注的感觉，所以继续用自己的长篇大论霸占问答环节。而发言人只能提高声音说道："我让你马上坐下！"

不要进行无效的威胁。那位激动的质问者才不会介意，因为你的叫喊只会为他带来更多关注，其他观众则会觉得你做的一切都徒劳无功。如果无法提出真正的威胁，就别这么做。

问："你凭什么觉得你的程序要比弗雷德·史密斯的好得多，毕竟后者我们已经沿用了很多年。"

答："这么说吧，旧的程序存在很多问题。比如……"

不要批评前人的工作成果。就算弗雷德不再效力于该组织，他可能还会有朋友、亲人或忠实拥护者在这里工作。他们会因为你抨击弗雷德的工作而憎恨你。

你要做的是，承认你沿用了前人打下的良好基础，但新的信息、后来发生的事、增加的资金、更多的人手及科技的发展使你在前人基础上做出了改进。为了引起大家的情感共鸣，你可以指出弗雷德本人也很可能会欢迎别人改进他原来的程序："在弗雷德的退休晚宴上，他说未来似乎来得越来越快了，他还希望自己能见证行业内的一切进步。"

永远不要给人留下你不尊重他人工作的印象，否则观众会认为你既鲁莽又自大。

关于电视采访的一些小窍门

在播放录像片段的时代，时长三分钟的葛底斯堡演说就算剪成两分半钟都会被嫌太长。今天甚至可能会有大胆的年轻记者这样来总结它："总统自己向宾夕法尼亚州沉默的人民坦白了他的下属们私底下说的话：没有人会记得他在这里说了些什么。"

——理查德·尼克松

电视为我们带来了大量的晨间采访秀、晚间新闻、深夜新闻、特别危机报道、一周新闻分析、高管人物简介、社区事件集锦、本地商业动态、焦点曝光、消费者咨询和内幕新闻等节目。

当然，为了维持这些节目的运转，电视台需要邀请特定的人作为嘉宾参与节目。问题是，有一天你会不会也坐上其中一把嘉宾椅呢?

人们一般可以通过两种方式上电视:

1. 也许你被邀请到节目中推荐一样你引以为豪的东西。通常有这些情况:

a. 一位高管急切地想到电视上宣传某种筹集资金的新方法。

b. 一位民间组织的领导需要提高自己的曝光度,以便为某项社区工程寻求支持。

c. 一位高中校长很想向广大电视观众介绍某种独特的教学实验。

2. 另一方面,也许你是被"传唤"到了某个节目中,目的是为你所在组织的某个潜在危机做辩护,进行解释或澄清。危机的类型包括但不限于:

a. 篡改食品成分

b. 交通事故

c. 某次学校火灾的可疑诱因

d. 青少年酗酒

e. 校园内滥用药物

f. 工作场所的犯罪活动

g. 裁员

不论是被邀请上节目还是被传唤上的节目,你都要给所有收看节目的观众留下诚实可信、条理清晰、能力突出的印象。以下这些关于电视采访的小窍门应该会对你有帮助。

采访开始前

- **设定你的目标**。选取两到三个你想在采访过程中强调的关键点。这些要点需要简单、有力、切题。

- **收看相关节目**。观察主持人的主持风格，看看将要采访你的人平时的态度是友好的还是对抗性的？倾向于重视商业化还是反对商业化？语言是简洁的还是冗长的？做节目是事先准备好还是在现场见机行事？

- **询问节目的形式**。比如采访时间的长短？录播还是直播？有无其他嘉宾？广告出现的次数和时长？关于观众来电的处理方式？

- **提供准确的信息**。确保节目制作人手里有准确描述你个人资历的材料，事先和对方确认你姓名的正确发音。

- **预测可能会被问到的问题**。做到这一点的最佳方式是站在采访者的角度，想想你在那样的情况下会问被采访者什么问题。

- **准备具有说服力的答案**。回答要简短、具体、对观众有帮助。要使用观众能够理解的词汇。可以准备几则观众喜欢听的奇闻逸事。故事发生的情境须为真实生活，以便让观众联系自身经历。练习大声说出自己的答案，并将它们录下来，再检查录音，然后删去冗余的部分，换掉无聊的内容。

- **注意你的形象**。你穿了什么衣服和你说了什么话同样重要，所以衣着一定要得体。（提前观看节目在这里再一次发挥了作用。问问你自己，我的着装适合出席这种场合吗？）总的来说，衣着以整洁和保守为佳。不管你要做什么，都不要让着装的风头压过你所说的内容。

采访进行中

· **提前到场**。面对现实吧：电视演播室会让人产生一种十分不适的紧张感。刺眼的灯光、高科技摄像头、多个显示器、忙乱的助理制片人、技术人员的专业术语——这一切都是使人紧张的潜在因素。

所以，不要等到最后一刻才现身。你要让自己有机会四处看看，熟悉现场所有的景象和声音。接下来你就能抛开这些使人分心的事物，专注于重要的事——好好接受采访。

· **集中注意力**。采访一旦开始，你必须全神贯注。要认真聆听采访者向你提出的问题。最重要的是，在听的过程中你要把握好机会，强化自己的重点。

· **表达要清晰**。不要哼哼唧唧，犹豫不决。也不要絮絮叨叨，拖延采访进度。用一些简单的表述开始你的回答，（"就是这样。""不，并非如此。""完全正确。""这是一个常见的误解。""对，这是真的。"）然后再补充必要的细节来支撑自己的观点。

· **要人性化**。可以说一个私人的小故事，快速回顾一下个案历史，分享一个最近发生的案例，引用一句生动的话或一则有益的奇闻逸事。要能带动观众的情绪。以上这几个技巧都有助于你给观众留下可靠、值得信赖和关心个体的印象。

· **使用日常谈话式的语言**。把行业术语都留在你的办公室里，将无聊的统计数据都锁进公文包吧。

· **内容要有实用性**。尝试从观众的角度出发来看问题。列举的例子要能联系到观众的实际情况，给出的解决方案也要能具体付诸实践。

· **信息可视化**。电视是一种视觉媒体。如果你手头有精彩的视频资料或相关文件，抑或令人眼前一亮的照片、有趣的物品等，就让它们为你所用。

· **适当使用肢体语言**。谨防"大幅度的动作"。当你站在大舞台中央的演讲桌旁边时，大幅度的动作可能不会显得异样。但当你出现在某人卧室里小小的电视机屏幕上时，相同的动作会使你看起来非常傻。另外还要注意，不要在采访者向你提问时连续点头表示同意。你只需要先静静地听完问题，然后给出回应。

· **利用好插播广告的休息时间**。用这段时间整理思绪，让自己的大脑稍作休息，确保自己在表达基本的要点。问问主持人下一步要做什么，甚至可以礼貌地提出一些自己想要谈论的话题。

· **流露出自信**。毕竟，要是你对自己的专业素养没有信心，那还怎么指望观众对你有信心呢？

· **散发个人魅力**。在电视节目上，真诚和魅力比在其他任何地方都要卖座。记住这一点，你就不会表现得太差。

简短作答的力量

有一次，美国前总统夫人芭芭拉·布什说了一句容易引起争议的话，她说纽约市前市长埃德·科赫"够了"。之后，有一位记者试图就这句话追问她，想知道她这么说具体指的是什么。该记者无非是想让第一夫人出丑。但芭芭拉·布什用她一贯的智慧巧妙地说出了答案，她微笑着答道："够快乐了。"这一回答真可谓无法超越。自那以后，我一直对这位前第一夫人钦佩有加。

如何应对陷阱式的问题

提问通常都有固定模式。如果能辨别出每个问题的模式，你就能更好地应付各种提问。

要学会识别以下这些陷阱式的问题：

· **二选一式的问题**。"对于你们公司来说，哪个更重要——是在我们这里新建一座加工厂，还是在别的地方新设分公司？"不要被这种问题套住。你可以回答"这两者同样重要"，或者"这只是我们关注的两个不同的方面"。

· **多重问题**。"大学会特别关照面向少数族裔的招生工作吗？体育项目能得到更加有效的监管吗？你们还会扩建学生宿舍吗？"不要被一次提出的三四个问题迷惑。你要挑选其中一个来仔细作答，然后再开始接受其他人的提问。

· **开放式的问题**。"谈谈你的公司吧。"这时候你预先准备好的那些核心论点就能发挥作用了，可以利用它们来构建你想展现的形象。

• "**是**"或"**不是**"的问题。"你们公司明年会裁员吗——是或不是？"永远不要被这种提问模式支配，你可以选择不回答"是"或"不是"，只需要将答案用自己的表述方式说出来。

• **假设性的问题**。"假如该协会不接受这一提议呢？"要避免被逼入"绝境"，这种问题就像无底洞一样。你可以直接终止讨论，告诉提问者："我相信我们一定能达成共识。"请看里根总统在一次记者招待会上的巧妙回答：

问："总统先生，如果当前局势保持不变，有一天你会想把军队撤回来吗？"

答："这样说吧——不久之前我碰到了一点麻烦，起因是我试图给一个假设性的问题一个假设性的答案。然后针对我的答案，出现了多种不同的解释。"说完这几句话之后，里根总统跳过了这个问题，并找到一个突破口概述了自己的立场。

• **非公开的问题**。在问答环节不存在非公开的问题。你回答所有问题时都要谨记，你的答案可能立刻就会出现在某个著名的博客上。真的有可能会发生这种事。

• **排序类的问题**。"你能说出当今教育行业最应该受到关注的三个方面吗？"同样，不要落入陷阱。一旦你说出了最应该受到关注的三个方面，立即又会有人问你："怎么回事？难道×××

不该受到关注吗？"然后你就会被困住。你可以试着回答："在我们最关注的几方面中，有……"

· **不成问题的问题**。"我认为我们不需要这些新设备。"你该怎么应答呢？你需要将它转化成一个问题。例如："我从你的话里听出了一个问题，那就是'使用这些新设备能为我们带来哪些好处'。"接下来，你就可以在不反驳提问者原话的同时回答这个问题了。

· **前提错误的问题**。"既然你们已经把所有污染物都排进河里了，接下来要怎样清理河道呢？"一定要把错误的前提条件纠正过来。你要坚定地说："并非如此，让我来纠正被歪曲的事实。"

· **盘问式的问题**。"让我们再来看一遍废弃物处理事宜。你能为这种不光彩的情况做出合理的解释吗？"如果提问者动机不纯，你可以当场拆穿他们，直接说："这个问题听起来像是个圈套。你想让我说些什么呢？"**记住**，你并非身处法庭，没必要屈从于别人的盘问。

你的回答中要包括哪些内容

· **引用你的职业经验**。"在这个领域工作的二十五年中，我从来没有见过这样的事。"

· **引用你的亲身经历**。"嗯，我就出去买了一个回来。我觉得这个产品很好。"

· **引用专家的意见**。"国内的顶尖研究人员不会同意你的看法。比如，在哥伦比亚大学……"

- **陈述事实。**"这件事实际上……"

- **解除关联。**"就像苹果无法和牛油果相比较一样，我们之间也是没有可比性的……"

- **构建情感纽带。**"我特别理解你的感受。事实上，刚开始很多人都是像你这样想的。但随着他们对这个程序越来越熟悉，他们发现……"

- **简化数字。**"是的，花一万美元在培训上，听起来似乎**确实**不便宜，但你也要想想平均下来每个人的培训费只有（某金额）。而生产效率的提高能在一年内让我们的初始投资得到回报。"

- **认可这个问题的重要性。**有些人想要的并不是答案。他们只是希望别人能认真仔细地听自己说话。如果你意识到他们有这种博取关注的需求，就该满足他们。你可以扮演心理学家的角色，用最深情的声音说："听起来这件事对你十分重要。"同时也要注意，不要给人居高临下的感觉。

- **最重要的是，你的答案中要包含核心论点。**使用那些会被听众记在心里的语句，这些话还可能会被媒体引用。

如何使用转移话题式的回答

当你不想回答某个问题时，你可以选择转移话题式的回答。认真听完提问，然后再将话题转移到你事先准备好的某个核心论点上去：

- "保罗，我们真正应该讨论的重要议题是……"
- "如果消费者询问……方面的问题，他们的状况将会更好。"
- "这并不是眼下最紧要的问题。当前最紧要的问题是……"

在以上每种情形中，你都可以用转移话题式的回答将讨论的内容换成你想谈的部分。如果可能的话，可以直呼提问者的名字，这样会给人一种更加镇静、更有说服力的感觉。

如果非用到幽默不可的话，请谨慎使用

在问答环节使用幽默极易产生反作用。为什么呢？因为这时的玩笑听起来很像是在针对某个特定的人。如果你一不小心得罪了某个深受观众喜爱的人，那麻烦可就大了。

比如："你的提问最好能说到点子上，因为八个月后我就不再是这个组织的负责人了。"这样的话可能会博观众一笑，但如果你的对象选得不对，观众可能会对你产生敌对情绪。

当然，就像硬币有两面一样，幽默的效果也有两面性。

如果提问者说了什么好笑的事情，记得要跟着笑。让大家看到你也是个普通人。千万不要试图抢那位提问者的风头，让那个人也做一回人群关注的焦点。观众会欣赏你这种做法，他们会回报你的大度。

如何预测现实中的提问

每次开始发言前，你都要想想观众会向你提出哪些问题。没有哪个公开演讲的人想打无准备之战。下面这个清单有助于你做好准备工作。

1. 这些观众／这位采访者最可能提出什么问题？

2. 我最想谈论什么话题，我所在的组织如何从这个话题中受益？

3. 目前我不想谈论的话题是什么？为什么？

4. 有没有哪个问题需要我准备额外的佐证材料？

5. 在观众看来，什么样的材料最有说服力？

6. 我的回答中要包括哪些语句／短语／数据？

7. 我的回答中要避免提及哪些词汇／数据？

8. 能否在部分回答中使用一些会有助益的辅助手段（如表格、图片、幻灯片）？

9. 我要向观众传达什么信息，如何将这些信息融入问答环节中？

10. 会不会有人就当天的新闻提问？

11. 如果没人提问怎么办？

发言前的自我评估

只考虑观众的想法还不够，你还要问问自己：作为一位演讲者，我最想达成什么目标？以下问题将帮你理清思绪。

1. 在这次发言中，我要实现的职业目标是什么？

2. 我有没有什么个人目标想要达成？（比如，观众之中有没有我想见的人？）

3. 为了实现我的目标，什么是我必须说的？什么是我一定**不**能说的？

4. 我希望观众在听完我的发言后产生什么**感觉**？我希望观众**做些什么**？

5. 这次发言中，最让我不舒服的是什么？（能不能改变或预防这些情况？）

6. 我一般在发言中讲得最好的是哪一部分，为什么这里讲得比其他部分好？

10 / 具体细节

每次走上讲道坛前我都做好了充分的准备，主祷文和宣告都已经一字不差地写出来摆在面前。

——弗雷德里克·布埃赫纳

何必为做演讲忧心忡忡呢？只要把时间和精力投入到准备演讲上来，你就会感觉好得多。

想想做演讲必不可少的后勤工作。为可能要应对的意外突发状况做好预案，接下来就是准备，准备，再准备。

本章将向你展示如何——

· 为**演讲内容**的传达做准备——将演讲稿以简单易懂的形式打印出来。

· 为演讲的**场地**做准备——规划各种物品的布局。

· 为**视听材料**做准备——选取对你有用的材料，而不是会拆你台的资料。

如何打印演讲稿

事先打印演讲稿，目的是：

- 便于自己朗读。
- 便于媒体理解。
- 便于替补发言人识认，以防你自己因故无法发言。

将演讲稿打印成便于使用的格式需要花费额外的精力，但这种付出会得到回报。

以下是关于如何打印演讲稿的二十二条建议，全都是专业人士的经验之谈。

1. 选用较大的字号。

2. 英文字母在格式上要大小写相结合，千万不要全部使用大写字母。

3. 文本对齐方式上要选用左对齐。永远不要选用右对齐的方式。（我每年要审校几百篇演讲稿，其中会有相当一部分在文本对齐方式上选择右对齐。这种做法不可取，千万不要忽略这一基本的排版原则。）

4. 在第一页的左上角标注该演讲稿的基本信息：

a. 你（演讲者）的姓名和称谓

b. 演讲的标题

c. 观众的身份

d. 演讲的地点

e. 演讲的时间

5. 行与行之间要选用两倍行距，段与段之间要空三行。①

6. 第一页开头要空出大约六七厘米的空白，为最后扩写开篇部分预留空间。

7. 每一行的末尾处必须是一个完整的单词。行末单词不可使用连字符隔开。宁愿缩减句子长度也不可在行末使用连字符。

8. 出现在行末的数据不可拆散开来打印。例如：

"我们公司每周要花五百美元用于日常维护。"（如果你将"五百美元"拆开——仅将数字"五"放在上一行结尾处，那你在演讲时可能会不小心念成"五千美元"。这样一来你还得回过头去纠正。）

9. 每一页的结尾处必须是一个完整的段落。将一个完整的句子拆开打在两页纸上是非常危险的做法，你会浪费太多的时间来回翻页。

10. 一定要在每一页的底部空出五六厘米的空白。如果你的发言内容一直打印到页面最底部，那你在念的时候就要使劲低头才能看到页面最底部的内容，这样观众就看不到你的脸了。另外，你低头看底部内容的时候，说话的音量就会降低，可能会令观

---

①此处指英文排版，中文排版时可参考并稍加调整。

众难以听清你的发言。

11. 页面的左边和右边都要留出较宽的页边距。

12. 在每一页的右上方标注页码。

13. 使用连字符来分隔需要逐个念出的字母。比如"M-B-A学位""F-A-A 规定"，或是"C-I-A 的行动"。

14. 将外语词汇和姓名音译出来。如在"Alessio"后用括号标注"阿莱西奥"。

15. 不要在打印稿中使用罗马数字。罗马数字可以用于书面表达，但不适用于演讲稿。如果你在演讲时念"罗马数字一"就会给人非常不自然的感觉。

16. 给需要强调的词和短语加下划线（或加粗字体）。

17. 将需要稍作停顿的地方用省略号标出来。在段落结尾加上省略号经常能起到提示的作用，意在提醒你继续讲下一段之前先停顿一两秒钟。

18. 使用双斜线符号（//）标记需要做出较长停顿的地方。双斜线的出现意味着你要多停顿几秒钟，这些时间要么是留给观众整理情绪用的，要么是留给你自己切换内容走向用的。记得在使用双斜线符号之后要空出两三行，再接着打印其他内容。

//

就像这样。否则你会记错这个符号的意思。

19. 在演讲稿末尾附上你的电子邮箱和邮递地址，这样大家就能通过写信继续向你咨询更多信息。

20. 记住不要用订书机把演讲稿订起来。用回形针别一下就足够了，你要用稿子时回形针可以轻易取下。

21. 将演讲稿装进不透明的简易文件夹里，这样随时可以拿出来使用。

22. 每次都要额外准备一份备用稿，并将两份稿子分开放置。举例来说，假如演讲的地点不在本市，那你可以把备用稿装进公文包里，再把另一份放进行李箱。（顺便说一句，我在本书一九八四年的初版中，也提到了这个做法。后来一位读者写信告诉我说，这个小提示帮她免去了一场大麻烦，因为她那个装着其中一份演讲稿的行李箱丢了。）

注意，以上这些建议发挥作用的前提都是你得带上演讲稿。如果你忘了带演讲稿，或是在走上讲台前错拿了其他文件，那一切都白费了。几年前在英国，一位海军中将要面向皇家海军老兵协会发言。他站起来后仔细看了一眼自己带的笔记，就不得不在发言还没开始之前宣告结束。

你猜他是怎么向台下困惑的观众们解释的？"搞错了，我带了一张我老婆给我的购物清单。"

小提示：如果观众中有人想让你把电子版演讲稿发给他们，你可以让他们把要求写在自己的名片反面交给你。名片上有准确无误的电子邮箱地址，你就不用担心手写地址可能造成的失误了。

如何准备演讲场地

如果知道有多少演讲毁于出了故障的麦克风、昏暗的照明或是令人窒息的环境，你一定会大吃一惊。

你准备的演讲内容可能既有趣又诙谐，但如果观众听不到你在说什么、看不清你在做什么，那谁还会关心你的内容是否有意思？

还有，如果房间里温度过高或是过低，那对观众来说也是一种折磨。这时你也应该赶紧结束发言，让大家各自回家。

演讲前一定要检查场地。如果你无法亲自去检查，可以通过其他人来了解。联系邀请你去发言的负责人，询问以下这些问题：

• **房间里是否装有不必要的镜子？** 我曾经参加过在纽约市举办的美国记者和作家协会的一场会议，目睹了现场的获奖作家们在最令人不安的情景下发表了获奖感言。会场所在的酒店（很有名望的一家酒店）将演讲桌放在一面巨大的镜子前，这样一来，每位发言人在演讲桌后面的动作都被观众看了个一清二楚。

没有哪位演讲者想置身于这样的弱势地位，他们时刻都在担心观众会看到自己的什么小动作（比如踮脚、交叉双腿，或是摆弄衣服）。此外，巨大的镜子会暴露发言者的隐私，使他们很难将随身携带的小纸条或计时器藏好，不被观众发现。

如果你是发言人，必须坚持让酒店将镜子遮住，或是把演讲桌搬到别的位置。

• **房间里是否有窗户？** 更重要的是，窗户上有没有安装厚实的能遮光的窗帘。如果你要放映幻灯片，那就必须拉上窗帘。

如果你是在一家汽车旅馆的会议室里发言，而透过窗户就能看到外面的游泳池的话，那也得拉上窗帘。对观众来说，你的发言绝不可能比窗外的娱乐场景更吸引人，所以你要在观众被抢走之前拉上窗帘，这样也免得你在演讲过程中受挫。

• **房间里有没有演讲桌？** 演讲桌上有没有灯？灯的电源插好了吗，可以用吗？手头有没有备用灯泡？

演讲桌下面有没有储物空间，有没有地方放水杯、纸巾和润喉片？

演讲桌能不能调节到适合你的高度？如果你个子不够高，能不能找到稳固的箱子之类的东西垫在脚下？在你站到演讲桌后边开始发言之前，让所有的东西都各就各位。你有权利怎么舒服怎么来。

• **假如不用麦克风的话，观众能听见你的声音吗？** 如果可以，那就不要用。

很多演讲者都存在一个误解，他们觉得使用麦克风能使自己的声音更为动听。其实不然，麦克风只能起到扩大音量的作用。所以假如你说话含糊不清，那么麦克风只会让这些含糊不清的话更加响亮。如果你发言时喜欢插入"啊""比如""嗯……"之类的插入语，麦克风也会让这些词听起来更加清晰。

• **扩音系统能正常运行吗？** 事先测试一下，请一位助理来听你的发言。你是否需要弯腰或是侧着身才能够到麦克风？麦克风应该正对着你的下巴。

别人站在房间的各个角落都能听见你的声音吗？音量大小合不合适？有回声吗？麦克风的开关按钮在哪里？

· **灯光怎么样？** 事先测试一下室内照明设备。当你看向观众席时，有没有哪个位置的灯光过于耀眼？一般情况下，照向观众席和照在你身上的灯光亮度应该大致处于同一水平。

是不是挂在你头顶上方的水晶吊灯令观众觉得演讲桌看起来很刺眼？那就取下一些灯泡。再看看聚光灯照向的位置是否合适，根据需要调整。

· **座位怎么样？** 在人们脱下外套、各自找到舒服的位置之后，他们就会非常抵触调换座位。也许是因为这让他们想起了自己的学生时代。所以，如果你想重新安排座位，请务必要在观众入场之前进行。

观众会不会围坐在一张张圆形餐桌旁边，这样他们当中的一部分人就得背对着你？如果是这样，在你开始发言之前留一段时间，让所有观众都将座位调整为面对着你。

当观众分散地坐在一个大房间里时，你很难跟所有人保持目光接触。

如果观众的数量并不多，你可以试试在观众入场前搬走会场里的一部分椅子。尽一切努力让观众坐得越集中越好，以免浪费不必要的精力。

如果你是在一间大礼堂里发言，可以将后排座位与前排座位用绳子隔开。这样能迫使观众坐得离你更近。而这些被隔开的位置对那些迟到的人来说也很棒。他们可以悄悄地溜到这些座位上，不用担心打扰到其他人。

如果只有少数观众到场。你可以将演讲桌从台子上搬到离观众更近的空地上，这将缩小演讲者跟观众之间的距离。几年前，我受邀去美国堪萨斯城做演讲。当时到场的观众人数少于活动主办方预计的人数，所以我就把演讲桌从高高的台子上挪到了跟观众席同样高的地面上。事实证明这么做产生了巨大的效果。

不要让空间在你跟观众之间制造距离感。你离观众越近，他们离彼此越近，你的发言就越容易成功。

· **房间的通风情况怎么样？** 空调系统可以为大规模的人群服务吗？温度可以调节吗？

酒店房间是出了名地憋闷。有一次，我要在纽约市的一家大型酒店里做演讲，提前两小时到达演讲场地时，我发现房间里的温度已经接近二十七度。我马上通知了酒店工作人员，让他们停止对该房间供暖。等观众到场的时候，房间里的温度已经恢复正常了。

原则是，每次都要赶在观众之前到场，这将便于你在下面这些地方做出必要的调整。

· **一共有几扇门通向该房间？** 你能不能把房间前面的门锁起来，以防有人突然闯进来打断演讲？你能不能请工作人员站在房间后面的门口处，提醒那些迟到早退的人在进出房间时保持安静?

• **该房间中是否在播放音乐?** 如果是的话,立即关掉音乐。发言的是你,所以不要指望酒店工作人员帮你做这些事。

• **该房间隔音效果如何?** 当你在酒店的房间里演讲时,隔音就成了一个重要的问题。谁知道隔壁的房间会被用来做些什么呢,可能是举行喧闹的单身派对,也可能是召开热闹的销售大会。观众们的注意力会集中在什么上面呢?或者说,如果他们能听到隔壁房间的喧嚣声,还会专心听你发言吗?

也许你不相信会发生这样的事,也许你觉得以上这些全都是我捏造的,你还可能认为不需要担心这些细枝末节。我能理解你的心情,但这些事情真的会发生,一直如此。我每年要出席几十场演讲活动,经常目睹这种"恐怖故事"。

有一次,我无法集中注意力,因为隔壁房间不停地传来刺耳的喧闹声。(显然,一场销售大会正开得如火如荼。)后来,我写了一张纸条,托一位观众送去了隔壁房间,麻烦隔壁的负责人体谅一下,欢呼声和跺脚声不要太大。之后情况立即好转——只是因为我采取了相应的措施。仅供参考:在这种情况下,书面提醒是最理想的沟通方式。这可以避免直接进行尴尬的互动。悄悄地送纸条吧,你可以放下就走,什么都不必说。

这件事告诉我们,要保持机警。不要让任何事成为你成功之路上的阻碍。你花了几周时间辛辛苦苦准备的精彩演讲,难道就该这样毁于无关人等制造的噪音吗?

不要抱有任何侥幸心理。假如可以的话,就在没有与酒店预约的情况下，亲自去检查现场环境。酒店经理们都会例行公事地说自家酒店的会议室"安静又舒适"。至于他们的话可不可信，要我说，我们得听从里根总统的建议：相信，但要查证。

如果你发现房间的隔音效果不好，可以向酒店经理反映。请他们在你做演讲时将隔壁房间空出来。当然，如果酒店的房间全都订满了，他们就无法满足你的要求，但说出来总比不说要好。

· **去哪里寻求帮助？** 记下一位维修人员的名字和电话，万一出现紧急情况，你可以直接给他打电话或发短信。要找那种可以马上过来换保险丝、换灯泡或调节空调温度的人。手头要一直有此人的姓名和联系方式，对这个人要非常友善。

爱默生是对的。肤浅的人才会相信运气。

在演讲或发言中，你能控制的因素有哪些？

作为受邀演讲的嘉宾，你对现场的控制权远比你意识到的大。充分利用好你的这些权利吧！

现在，花几分钟想想演讲会涉及的方方面面，再看看对于每个方面你是有绝对控制权、部分控制权，还是没有控制权。（对于下面列出来的这些方面，很多演讲者都发现他们对其中的大部分因素拥有绝对控制权。）

	没有控制权	部分控制权	绝对控制权
1. 你的准备工作	☐	☐	☐
2. 你的笔记	☐	☐	☐
3. 你的态度	☐	☐	☐
4. 你的仪表	☐	☐	☐
5. 你及时到场	☐	☐	☐
6. 你的个人用品 *	☐	☐	☐
7. 你的小道具	☐	☐	☐
8. 你的言语	☐	☐	☐
9. 你的语音语调	☐	☐	☐
10. 你的身体语言	☐	☐	☐

	没有控制权	部分控制权	绝对控制权
11. 你的眼神交流	☐	☐	☐
12. 演讲时间	☐	☐	☐
13. 演讲地点	☐	☐	☐
14. 其他要发言的人	☐	☐	☐
15. 发言时长	☐	☐	☐
16. 问答环节	☐	☐	☐

* 润喉片、纸巾、水、咖啡或茶、零食、头痛药等。

如何使用视听材料

对于大多数演讲来说，使用视听材料有害无益。我提醒所有演讲者尤其注意这一点，不要在一流的演讲中使用二流的甚至是不必要的视听素材。

没有必要使用视听材料，如果它们——

- 不能给你的演讲增添新内容。
- 无益于观众理解或欣赏你的演讲。
- 事实上有损你作为演讲者的形象。

可惜的是，大多数演讲者都喜欢将视听材料当作自己的"拐杖"。举一个再寻常不过的例子，演讲者说："我想给大家介绍我们新制订的招聘计划。"接着大屏幕上出现了一张幻灯片，上面写着"新招聘计划"这几个大字。这张幻灯片传达了什么新内容吗？没有。它有助于观众理解演讲者给出的信息吗？没有。那这张幻灯片是否有损演讲者的形象呢？很不幸，是的。

演讲主要是讲给人听的，而视觉材料是展示给人看的。如果在你说话的时候，人们看的是大屏幕上的文字而不是你，那他们就会觉得大屏幕上的内容比你说的东西更有吸引力。你和观众进行眼神交流的机会也大大减少。简单来说，就是你的演讲不会那么令人印象深刻了。

不相信的话，你可以试着在看电视的同时打重要的电话，看看自己会漏听多少电话里说的内容。

如果真的需要用到视听材料——为了简化复杂的信息或是感染观众的情绪，那请你用得巧妙些。

在演讲中插入一个视听单元是一种有效的方法。可以准备一套内容不多的幻灯片或时长较短的小视频，再将这一部分作为独立的单元插入演讲中。这样一来，在认真观看完视听单元后，大家还可以重新将注意力集中到余下的演讲内容上来。

幻灯片

> 人们根本无心听我们说话，因为他们花了太多时间去理解那些极其复杂的幻灯片。
>
> ——路易斯·卡尔德拉，陆军部长

演示文稿（幻灯片）软件 PowerPoint 1.0 于一九八七年上市。可以确定的是，自那以后，演讲的形式发生了前所未有的改变。每天都有不计其数的演讲要用到幻灯片。

生活中大大小小的活动都要使用幻灯片，比如城市分区规划听证会、学校董事会会议、军事新闻发布会、企业演讲、大学和学院中的演讲、六年级学生的读书报告发言，甚至还有教堂的公告等。各领域的人都在使用幻灯片交流，他们甚至从来没想过为什么要这么做。问题就出在这里。

是什么导致演示文稿这种有用的软件被滥用？很多人选择在演讲中使用幻灯片的原因是"大家都在这么用"。这真是个可悲的理由。

幻灯片的使用已经到了泛滥的地步——眼前是大量的饼状图和各种图像，主要信息迷失在不必要的装饰组成的万花筒式景象中。我们反感这些幻灯片有什么好奇怪的？现在，聪明的演讲者都知道要做某场活动中唯一一个不用幻灯片的人，这可以让他们从所有发言人中脱颖而出。

二〇〇〇年，美国参谋长联席会议主席休·谢尔顿将军的一席话引起了轰动，他当时说的是让世界各地的美军基地不要继续滥用演示文稿软件。（显然，那些以电子邮件形式发送的军事简报一直以来占用了太多存储空间。）谢尔顿将军敢于抨击交流方式中不容置疑的准则。自那以后我就一直很钦佩他。

事实是，"演示文稿"中真正重要的还是"文稿"。华丽的渐变色背景绝对无法弥补内容上的缺陷，再动人的音效也掩盖不了表达上的不足。我建议我的客户们舍弃幻灯片的炫目效果，劝他们转而探究怎样写出动人的内容，怎样成就精彩的表达。

大量演讲者将自己的时间浪费在了制作幻灯片上，以至于没有足够的时间打磨内容或是提升表达能力。

演示文稿软件的滥用已经不仅仅是交流方式的问题了，同时还是工作效率的问题。以前，高管们会将制作幻灯片的工作委托给助理或是能完成这一工作的自由职业者，但这种情形已经一去不返。

今天，拿着高薪的高管们将无数时间浪费在了亲自制作幻灯片上，结果却只能做出一堆枯燥的模板和外行的视觉效果。这样做既不利于交流，也不利于创造效益。

我想起了那句老话："那些自己给自己当律师的人是傻瓜。"这句话同样适用于演讲者："那些自己给自己当美术设计师的高管是傻瓜。"

如果一定要使用演示文稿软件，你先要有用它的理由，还要能用得精彩。

▶ 设计幻灯片效果

人人都觉得自己能为幻灯片设计视听效果，其实他们不能。我很清楚这一点，因为在我坐下来观看过的幻灯片中，有不计其数的例子违背了最基本的幻灯片制作原则。

文字右对齐、下落式阴影效果、多余的飞入效果、无休止的螺旋效果、毫无意义的棋盘效果、排版不够整齐、反白字、字号过小、大小写混乱、复制内容过多、内容过于拥挤等，这些都属于幻灯片效果上的缺陷，它们的存在会让人觉得发言的人不专业。

如果你不具备平面设计方面的才能（我们大多数人都是如此），那就该请一位有才华的专业人士来为你设计幻灯片。这样不仅能帮你节省很多时间，最后也能做出更优质的成品。

的确，雇用专业设计人员要花钱，但花费大概也没你想的那么高。你甚至可能找到才华横溢的高中生或美术专业的大学生来担任设计师，他们会把这当作一次实习机会，并乐于积累实践经验、创作优秀作品，期待收到肯定他们水平的推荐信。

▶ 撰写幻灯片文稿

为了提升幻灯片文稿的质量，最重要的是什么？幻灯片的标题要能有效传达你想表达的信息。例如：

- 弃用老生常谈的单词式标题，比如"效率"。你应该使用结果导向的标题，以吸引观众的注意，比如"分三步提高效率"。
- 勿用乏味的标题，比如"季度销售额"之类。你应该在标题中体现自己取得的成就，可以改为"第三季度销售额飙升"。
- 避免只列出诸如"环境保护费用"这样的题目。你的标题应意在激起观众的兴趣，比如"没人愿意谈及的五项环境保护费用"。

▶ 优化幻灯片放映效果

为了优化幻灯片的放映效果，最重要的是什么？是保持有效的眼神交流。不要为了看大屏幕而扭过头去不看观众。

使用激光笔来指向大屏幕上的内容。手指在屏幕前挥来挥去无法凸显你的专业性，那样做只不过给了观众一个尽情欣赏你背影的机会。你要相信，大伙儿不是专程赶来看你的背影的。

至于那些需要观众特别关注的内容，可以为其加上有力的视觉效果。可以用加粗箭头、加方框、加下划线等方法吸引观众的眼球。这样做不仅能令观众一目了然，还保持了你作为演讲者的良好形象。

以下还有几条额外的提示：

- 采用左对齐的文本对齐方式。

- 字体要保持统一。

- 大小写字母并用。

- 谨慎使用大写字母。如果你执意用大写字母写出全部内容，就是逼着观众降低阅读信息的速度，他们理解你的意思的能力也将被削弱。不要犯通篇全用大写字母这种错误。只有标题或个别短语能全用大写字母表达。自然地使用大小写字母的幻灯片更易于被观众理解。

- 单词与句子之间的空格要符合标准。句号后空一格。[①]

- 标题格式要统一。副标题的字号要小于正标题，以体现主次关系。

- 任何一页幻灯片上都不要出现太多行的文字。

- 表格和图形可以使用彩色填充，以增加趣味性和便于理解。

- 所有内容都要从头到尾检查两遍，确保次序正确。

- 幻灯片上出现的所有内容都要做到能让最后一排的观众看清。试着站在房间最后面看看你的幻灯片。

- 用胶带固定好电线，以免有人被绊倒。

- 每页幻灯片在大屏幕上停留的时间不能太短也不能太长。时长应恰好够你解释清楚想通过该幻灯片表达的内容，解释完毕后赶紧切换到下一张幻灯片。单张幻灯片在屏幕上停留太久

---

① 第 4 条和第 5 条描述的是英文演讲稿的情形。

会导致观众对演讲失去兴趣。

视频片段

· 视频片段仅能用来强化你想表达的内容。还记得八年级时的历史老师因为没有提前备课，而在课上放了电影吗？不要犯类似的错误，不要为了娱乐而娱乐。对于一场准备充分的演讲来说，视频片段应当起到补充而不是替代的作用。

· 播放、退出——也许先在这里插入一分钟的视频，再在那里插入一分钟的视频。这就解释了为什么它们会被称为视频"片段"。如果播放的时间过长，那它们就该被叫作视频"干扰"了。要明白二者的差别。

· 使用统一的主题和风格。多个片段需要有统一的格式，就像你演讲的其他部分也需要统一格式一样。不要让观众迷失在大杂烩般的视频剪辑风格里。

· 关注你要用到的视频播放工具。提前检查并调试所有播放设备。要有足够多的可用的显示器，让观众不至于为了观看视频而伸长脖子。

· 大胆地用视频感染观众的情绪。要想找到贴近生活的材料，视频是最合适不过的资源。比方说，假如你正在发表演讲，主题是义务献血的必要性，那你就可以试着播放一段关于义务献血受益者的小视频。视频中要有人脸特写、拽着父母的手的孩子和正在安慰病人的医生。不要使用"完美"的人。要用看上去和你的观众差不多的"真实"的人。

声音效果

迈克尔·布隆伯格在担任纽约市市长期间，敲响了纽约证券交易所的钟声。他在敲钟现场说的话使得这个动作超越了其本身的纪念意义，他说："我可能是唯一一个曾就职于纽约证券交易所的纽约市市长，我为自己能站在这里而高兴。没有什么比纽约证券交易所更有资格象征纽约这座城市了。"

宾夕法尼亚州巴克镇的反酒驾母亲协会每年都要举办一场仪式，纪念每年数以千计的酒驾事故伤亡人员。在整场仪式中，每三十秒警钟就会鸣响一次——代表那些因酒驾引发交通事故的司机给美国全社会造成的损失。

美国专利与商标局的商标专员黛博拉·科恩二〇一三年在于孟买举行的一次行业会议上发表了讲话，当时她通过展示照片，向在场观众说明了受知识产权保护的商标在生活中无处不在，从鞋子上到糖果上都有商标。她还播放了声音片段，以便观众了解音频形式的商标。要在演讲中寻找播放音频文件的机会，大多数情况下，观众会觉得声音效果是整场演讲中最难忘的部分。

利用实物

你会不会想把某样有趣的物品或新奇的东西展示给观众看？想不想跟大家分享某张极具视觉冲击力的照片？你可以这么做，只是要保证每位观众都能看见你手里拿的是什么。

1. 将该实物举起来。举得高一些，以便每个人都能看见。

2. 先举着它不动，持续一段时间。

3. 然后，再缓慢地将它逐一移到现场每位有空观赏的观众跟前。（你在移动的时候要保持安静。请观众在观看过程中也不要说话，否则他们随后就无法全神贯注地听你说话了。更糟糕的是，如果观众在该实物离开自己的视线后继续听到你解释展示该物品的用意，他们就会产生怅然若失的感觉。）

创意道具

在某次发表国情咨文时，罗纳德·里根总统曾当众举起约二十公斤重的联邦预算文件，给在场的每位观众过目，接着他又砰的一声将这些文件摔在了地上，表明他绝不会批准其中的任何一项预算。

在马克·吉兰出任克林顿总统的公共关系事务负责人时，他将自己的妻子和一岁零两个月大的女儿都带到了白宫。等闪光灯在他女儿的脸上一通乱闪之后，吉兰看着自己的宝贝自嘲道："还有比你更动人的道具吗？"当然，你用的道具不必如此极端。

应急工具包

如果你在演讲过程中需要用到电脑，那就一定要实际点。问问自己："要是电脑在现场连不上互联网怎么办？要是我突然感到紧张，无法让自己的笔记本电脑正常运行怎么办？"

细心做好准备，同时也要意识到：就算你做了全面的准备，也无法保证自己在现场使用电子设备时不会出错。一般来说，设备越复杂，出现的问题也就越多。现实情况下，使用多媒体设备发表演讲要比使用传统的展板冒更大的风险。

每次做演讲时，你都要随身携带应对紧急情况的工具包，包中要准备好：

- 额外的移动硬盘
- 延长线
- 备用灯泡
- 三向电源适配器
- 多位插座
- 强力胶带（你不希望有人被散落在地上的电线绊倒吧）
- 剪刀
- 螺丝刀
- 钳子
- 小型手电筒

毕竟，一次花费高额成本准备的演讲最终可能毁在只值一点一九美元的小灯泡上。为避免失败，请仔细准备。

此外，应急工具包中还要放一些头痛药，以备不时之需。处理技术故障会给演讲者造成压力，难道你想临上台前四处找人借头痛药吗？（老实说，确实有人跟我提到过这样的遭遇。）

版权问题

如果你想：

- 在颁奖仪式上播放某首励志歌曲。
- 在幻灯片中插入一些具有政治意味的漫画。
- 在公司员工大会上播放某部热门电影的片段。
- 复印摘自杂志上的文章用作讲义。
- 翻印某艺术作品，用作演讲中的图示。
- 综合多篇文章，制成"课程资料包"，用于下个环节的培训。
- 复印某本观众可能觉得有用处的书的一部分内容。

如果你觉得以上这些都是好主意，请再仔细想想。

美国版权法保护所有原创作者的知识产权。在未经原作者同意的情况下，任何人不得以任何形式使用其作品。原作者可以控制本人作品被使用的情况，这是其一。其二，原作者可以向使用作品的个人或组织收取费用。

如果你的想法是：

- "只有一小群观众在场，不用担心版权问题。"
- "我们是非营利性组织，不需要支付任何转载费用，对吗？"
- "嘿，我就在会上播放从这部电影中截取的一个片段而已，有谁会发现呢？"

・"在家长教师协会，我们一直复印别人的文章当讲义。"

如果你想的跟以上某个想法类似，请再慎重考虑一下。

版权自作品被创作出来的那一刻起生效，任何人都不能在未经作者允许的情况下使用该作品——没有什么辩解的余地。因此，你要做的就是寻求许可，确保一切都符合知识产权和版权保护法规。

你自己拥有视频的使用权吗？如果有，那么就让其他获取该视频的人签署相关使用协议。

如果你还有版权方面的问题，可以咨询律师。

何时该使用视听设备

假如你打算在演讲中使用幻灯片（或任何其他形式的视听工具），请先问问自己以下这些问题。

	是	否
1. 这样能否为观众节省时间？	☐	☐
2. 这样能否使我的演讲更有趣？	☐	☐
3. 是否有必要使用这一交流方式？	☐	☐
4. 它是否值得我花时间准备？	☐	☐
5. 它是否值得我花钱（酒店设备使用费等）？	☐	☐
6. 它是否值得我耗费额外的彩排时间？	☐	☐
7. 全体观众是否都能清楚地看到它？	☐	☐
8. 字号大小是否满足阅读需要？	☐	☐
9. 使用的色彩是否得当？	☐	☐
10. 版面设计是否有利于我表达相应的内容？	☐	☐
11. 内容是否准确？	☐	☐
12. 我是否仔细审校过，非常仔细那种？	☐	☐

	是	否
13. 如果其中一部分内容被媒体引用，我是否会尴尬？	☐	☐
14. 我能否自信地将它展示给大家？	☐	☐
15. 万一设备出现故障，我是否准备了备用方案？	☐	☐
16. 使用它时，我能否与观众保持眼神交流？	☐	☐
17. 在不背对观众的情况下，我能否用手指向大屏幕上的内容？	☐	☐

如何让你自己准备好

做演讲的时候，你会希望自己看起来和听起来都在最佳状态。不要在下面这些问题上"顺其自然"。

如何让自己看起来状态最佳

有的时候，衣着上微小的细节能产生极大的效果。一九九三年，美国总统克林顿在白宫南草坪上主持了巴勒斯坦领导人亚西尔·阿拉法特和以色列领导人伊扎克·拉宾的历史性会晤。克林顿总统事先意识到，当天现场会有很多不可控因素，但有一件事完全在他的掌控之中——那就是自己的领带。当天他系了一条印有小喇叭图案的领带，象征着为阿拉法特先生和拉宾先生的握手言和吹响庆祝的号角。

当然，并不是所有的演讲场合都那么富于纪念意义。以下是一些通用的指南：

- **不要穿着崭新的衣服发表演讲**。你的身体还没有完全"适应"新衣服，这会让你感觉僵硬和不适。另外，还有什么比演讲中途弯个腰就导致纽扣掉落或衣服开线更让人尴尬的呢？还是穿你的"老相好"为佳——这些衣服穿起来最舒服，穿上它们，你可以想摆什么姿势就摆什么姿势。

- 对于大多数商务场合而言，**着装要保守**。如果你不确定某件衣服适不适合穿去该场合，那就别穿。不要让你的着装比演讲内容还出彩。

·不要穿着刚从衣橱里拿出来的衣服去活动现场，你应该先检查一下。我就犯过这样的错误，结果到了现场才发现我最喜欢的那件意大利羊毛针织衫已经被蛀虫蛀得面目全非，而我只能穿着一件全都是洞的衣服出现在公开场合。

给男士的建议：

·深色西装——当然要事先清理干净，熨烫平整。（一般来说，海军蓝或"银行家蓝"属于能展现权威、树立信任的颜色。）

·长袖衬衫。（白色或蓝色在明亮的灯光下最为好看。）

·颜色保守的领带，可以带一点象征权力的红色。（政客惯用的伎俩。）

·深色长筒袜。（这样在你坐下来跷起腿时，观众不会看见你的腿毛。）

·擦亮的皮鞋。

·不要让衬衫口袋处露出一截钢笔。

·不要用硬币或钥匙把裤兜装得鼓鼓囊囊。

给女士的建议：

·套装、连衣裙或裤子。（当然要选不容易起静电的面料。）

·别穿低领的衣服。

·如果你是坐在台上讲话，要注意裙装的下摆。如果发言时需要坐在酒吧里的那种高脚凳上，就更要注意。（我发现这已经成了近几年的一种趋势。主办方越来越喜欢让发言的人坐在高脚凳上，他们给出的理由是："为了营造更加自然的感觉。"这样做有什么问题呢？坐在高脚凳上非常累人，如果你还穿了不合身的衣服，场面就会十分尴尬。）

我为很多人做过媒体素养培训。其中有一位客户在参加了一期灾难般的电视节目后找到了我。显然，为了营造"自然"的氛围，节目制作人决定让嘉宾坐在舒适的豆袋沙发上。当我这位客户坐下去之后，沙发让她感觉自己就像一个陷进了一大团棉花的小女孩。她很抵触这种感觉。我看到现场视频后，立刻明白了她为何会如此抵触。当她被迫坐在一个像玩具一样的椅子上时，她还怎么树立自己的公信力？采访中的大部分时间里，她都在拼命地把自己的裙摆往膝盖下面拉。

· 鞋跟高度要适中——不要穿细高跟鞋，否则你走过木地板时会制造噪音。
· 不要佩戴式样夸张的珠宝首饰。
· 请某位观众帮你看管钱包或公文包。（不要将它们带上台。放在台下时，要确保有人帮你看管。所有的大型场合都会出现职业小偷。）

最后，关于着装你要记住：穿了什么衣服和说了什么话同样重要。这使我想到了贾斯汀·韦尔比，他于二〇一三年出任英国新一任坎特伯雷大主教，发表了主题为节俭和朴实的演讲。在接受英国广播公司的采访时，他穿了一套售价十五美元的二手西装，是从牛津饥荒救济委员会买的，该慈善组织的宗旨是"致力于建设没有贫困的公平世界"。

如何让自己听起来状态最佳

· 好好保护你的嗓子。别在演讲前一天为当地的橄榄球队加油欢呼。

· 演讲的前一天晚上可以在房间里使用加湿器。如果你住在酒店里，可以临睡前在浴缸里放点水。增加空气湿度能有效预防嗓子发干。

· 蜂蜜柠檬热茶对嗓子非常好。花草茶则能起到安抚情绪的作用。柑橘茶尤其能使人放松。

· 演讲前请勿饮用碳酸饮料。还有一点不用我说你也知道：不要喝酒。

首字母缩略词的美式发音

这里列出了一些常用缩略词。在这个结构中，美式发音的重音通常落在最后一个字母上（或落在最后一个单词上）。大声朗读下列缩略词，让你的声音在演讲之前做做准备活动。（就像运动员在大型赛事之前要做准备活动一样，演讲者也应该在一场大型演讲之前让声音做好准备活动。）

US（美国）

USA（美国）

CDC（疾病控制中心）

CEO（首席执行官）

VP（副总统、副总裁）

IRS（美国国税局）

UK（英国）

UN（联合国）

NIH（美国国家卫生研究院）

FDIC（美国联邦存款保险公司）

UPS（UPS 快递）

FED EX（联邦快递）

OK（好的）

AAA (A-A-A)（美国汽车协会）

E71 (E-SEVENTY-ONE)（诺基亚手机型号之一）

9-11 (NINE-ELEVEN)

A+ (A-PLUS)

传达

真诚就是一切。如果你连真诚都能伪装出来，那你离成功也不远了。

——乔治·伯恩斯，喜剧演员

俗话说得好，熟能生巧。通过大量练习，就算你无法成为一位完美的演讲者，也一定会成为比之前更好的演讲者。如果选对练习方式，你甚至有可能成为伟大的演讲者。

本章将在以下方面指导你：

- 排练
- 风度仪态
- 声音控制
- 眼神交流
- 肢体语言

本章还将谈到如何应付演讲者的两大威胁：紧张的情绪和起哄的听众。

练习你的演讲表达

你不仅要练习读演讲稿，还需要练习做演讲时所要用到的一切传达方法。只知道演讲稿里的内容是远远不够的，你还要了解你做的哪些手势，你的哪些停顿和重读有助于观众理解你要传达的内容。

想做到这一点，你需要分六个步骤练习。首先是熟读演讲稿，然后你要熟悉必备的表达技巧。

1. **从大声朗读演讲稿开始**。将朗读内容录下来。看看从头读到尾需要花多长时间？为避免句子长得令人无法一口气从头读到尾，你需要在哪些地方略作停顿？为了优化表达效果，有没有哪些句子需要改写？你是否需要变换语速？你的声音听起来怎么样？读到句末时，音量会不会减小？

如果你无法控制自己的音量大小，可以在练习时将录音设备放在房间另一头。这个小技巧能**迫使**你朗读的声音更大。

2. **站在一面镜子前练习**。到了这一步，你应该已经对演讲稿熟悉到不用再照着稿子念了。你要把注意力集中在强调重要的内容上。看着镜子里的自己，观察读到重点内容时，你的面部表情是如何变得更有生气的。

注意，每次练习时，都要从头到尾排练完整场演讲，否则你准备好的可能只有演讲的前半部分。练习时不要让自己有"回溯过去"的机会。假如你在排练过程中不小心犯了个错误——比如看跳了行或是漏读了一部分，不要回到出错的地方重新开始。现实点吧。如果有观众坐在你面前，你还能像这样弥补错误吗？这就是你在排练时也应该练习从这种情况中恢复过来的原因。

3. **对着你的某位朋友练习**。尽量模拟真实环境，布置多把椅子来营造观众席的感觉。站着练习，使用演讲桌。（如果没有演讲桌怎么办？可以用乐谱架代替。乐谱架重量轻、可调节，而且价格不贵。事实上，很多演讲者都会买一个便携式乐谱架，因为乐谱架可以轻易调节成自己喜欢的高度。当演讲者身临现场时，可以舒服地使用属于自己的"演讲桌"，而不用被迫站在笨重的木质演讲桌后面。要知道这种木质演讲桌很难移动，而且不能调节高度。）

如果你得戴上眼镜才能看清演讲稿上的字，那你现在就可以练习这个动作，看看怎样才能不动声色地戴眼镜、摘眼镜。练习安静地将纸翻到背面，不要翻得太猛。翻页时，双眼应看向观众。

说到这里，你应该把演讲稿开头半分钟到一分钟的内容，以及结尾半分钟到一分钟的内容背下来，因为这是眼神交流最重要的两个时段。不要把整篇演讲稿背下来，不然你的演讲听起来会很不自然。相对于死记硬背全文，你应该做的是把要点都记在心里。要把注意力放在观点上，而不是个别词句上。事先查询大量资料，确保自己充分掌握了这些观点。演讲者继续讲下去的动力正是与观众的眼神交流。

在你觉得自然的地方微笑。通过手势来帮助观众理解你想要表达的内容。也可以让表情来替你说话。

4.**再请一小群人观看你的排练**。尽量与每个人都保持良好的眼神交流。通过变换语音语调吸引观众的注意。注意哪里需要加快语速，哪里需要减缓语速，何时应提高音量，何时应降低音量。你每排练一次，都会发现自己对内容的记忆和理解又增加了几分。

5.**追求最佳表现**。想想查斯特菲尔德勋爵给出的建议："做任何事都要追求完美，即使在大部分事情上这一目标都难以实现。然而，相比那些因懒惰和胆怯而直接放弃的人，这些勇于追求并坚持下来的人会更接近完美。"

6.**可能的话，去演讲现场排练**。提前熟悉场地能让你在演讲时更加自信。如果无法去现场练习，那就提前赶去演讲现场，以便在演讲开始前有足够的时间熟悉现场布局。

风度仪态

演讲并不是在你开口说话时开始的，而是从你进入那个房间的那一瞬间开始的。

一旦观众看见了你，就会马上在心里生成对你的第一印象。第一印象十分重要。请给观众留下好印象。从出现的那一刻开始，就要表现出良好的个人气质。请穿戴整齐，不要在手上拿一堆凌乱的纸页。步伐要自信并合乎商业礼仪。要礼貌，保持微笑，为走在后面的人留个门。（这样做有助于你多为他人着想，减少对自身的关注，从而有效减轻演讲前的焦虑。）

认真倾听其他发言者的发言，并给出恰当回应。要特别关注向观众介绍你的那个人。在你走上讲台的过程中，所有人的目光都会落到你身上，因此，不要在这个备受瞩目的时间段扣扣子、擦眼镜或整理文稿。这些细节工作应该在你起身去讲台之前做好。

不要刻意遮掩你事先备好了书面演讲稿的事实。将演讲稿单手拿在身体的一侧，不要用双手把它抱在胸前，因为这会令讲稿看起来像一面防护罩。如果你打算跟向观众介绍你的那个人握手，就提前把演讲稿拿在左手中，这样，就不用等到最后一刻再换手拿了。

千万不要提前把演讲稿放在演讲桌上，因为它可能会被在你前面发言的人不小心带走，那你的麻烦就大了。

在你走到演讲桌旁边之后，要注意"七大项"——即七项不可跳过的准备工作：

1. 打开文件夹，拿掉别在演讲稿上的回形针。深呼吸。

2. 确认演讲桌令你觉得舒服。当然，你应该已经提前检查过了。但不排除有其他的发言者重新布置过（或是把还装有半杯水的玻璃杯留在了演讲桌上），现在到你来整理的时间了。毕竟，这是你的演讲桌了。

3. 检查麦克风的位置。同样，你也应该提前测试过麦克风。

检查开关。如果你想测试音量，那么不妨说"早上好 / 下午好 / 晚上好"。

不要对着麦克风吹气或是拍打它。如果你想检查麦克风能否正常工作，只需要问坐在后排的观众："音量合适吗？"如果不合适的话，他们会告诉你的，然后你可以请现场负责设备的工作人员帮你调整。不管面对什么样的情况，都不要站在那里盯着麦克风不停地重复："喂，喂，喂。"

4. 身体要站直，将体重均匀地分配给左右脚。这样做能给你站得"很稳"、能控制局面的感觉。

5. 要把控全场。要在思想上**占据**这间房间，包括它的每一个角落。注意观察房间后面及两侧的墙壁。

6. 正式开始发言前要先看向观众，让他们稍等片刻。这个停顿有利于让观众安静下来，也给了你机会来……

7. ……深呼吸！

现在，你准备好开始演讲了。

声音

据说，雅典古代的雄辩家德摩斯梯尼曾把小石子含在嘴里练习说话。你不需要采取这种极端的做法。检查以下这些基本语音要素即可。

• **语速。**用秒表为自己计时。你一分钟内能说多少个词？大多数演讲者每分钟内说的英文单词约在一百三十个到一百五十个之间。但来自不同地方的人语速可能不同（在美国，北方人的语速要比南方人的语速快），同样影响语速的，还有说话人的年龄（年轻人的语速要比年长者的语速快）。

· **多样性**。你能调整自己的语速吗？比如减缓语速来迎合悲伤的气氛、加快语速以营造激动的感觉。

· **重读**。你在**正确的**地方重读了吗？

· **音量**。人们能听清你说的话吗？如果不能，就把嘴巴张大一点。

· **节奏**。你搭配了不同长度的句子吗？

· **叹词**。你会用"嗯""呃"和"啊"这类叹词让观众厌烦吗？

· **清晰度**。你的发音清晰吗？不要试图含糊地连读（比如将 wouldn't 读作 wu'nt）。不要把音节读颠倒（比如将 prescription 读作 perscription）。不要吞音（特别要留意较长的单词的结尾）。不要添加额外的音（比如将 across 读作 acrost）。

声音：清晰发音的几则参考[①]

1. 不要丢掉结尾的 -NT，例如：

a. percent、count、continent、vacant、efficient、went。

---

①此处给出的参考建议均针对英语，请读者参考汉语的具体情况举一反三。

b. can't、wouldn't、couldn't、didn't、shouldn't。

2. 不要丢掉单词结尾的 -LT，例如："As a result, the plant was never built."

3. 不要丢掉结尾的 -ST，例如："We lost the mailing list."

4. 不要丢掉结尾的 -R，例如：fear、door、soar、offer、core values、core curriculum。

5. 不要漏掉单词中间 -R 的音，例如：party、warning、start、board、support、market、afford、large、order、hard、overtime、energy、thought leadership。

6. 把 -ING 的音发完整，例如：planning、starting、counting、banking、managing、beginning、meeting。

《重要的不是说什么，而是如何说》（圣马丁出版社，二〇〇〇年版）这本书中有大量关于发音技巧和其他有关演讲表达方面的内容。如果你真的想提升自己的演讲技能，这些内容将对你大有帮助。

如果你有发音方面的缺陷，我建议你去寻求专业人士的帮助。改进自己的发音、提升发言自信这件事任何时候做都来得及。我见过各个年龄段的人在发音上取得显著的进步。可以请认识的医生为你推荐一位语言治疗师，或者联系当地的高校，咨询语言障碍治疗诊所的相关信息。你当地的医院也可以作为一个极佳的信息来源，医院官网上可能会列出你所在地区的所有语言治疗师的信息。

每个人都有权选择让自己感到自信和舒适的说话方式。如果发音上的缺陷妨碍了你与听众或观众之间的亲密关系，你可以改善这种情况。方法就是请一位专业的语言治疗师或发音老师。这可能会成为你做过的所有投资里收益最大的一个。祝你好运！

关于停顿的检查表

专业的演讲者都知道停顿和语句本身同样重要。请参考以下建议：

☐ 1. 在表示前提的词组或句子后停顿：

"等到你和行政部门的人见面时，（停顿）这些材料都会公布。"

"尽管董事会的工作已经进行得很顺利了，（停顿）但我们还是要为下一年做一些改进。"

☐ 2. 在连词之前（"但是""否则""而且""因为"等）停顿：

"我们力劝他们修改提案，（停顿）但他们没有采纳这个建议。"

"苏珊平时的工作很出色，（停顿）然而她这次的报告没什么说服力。"

☐ 3. 在列举一连串事物时停顿：

"我们需要重新检查数据……（停顿）复查数据来源……（停顿）核查统计数据……（停顿）咨询外界意见……（停顿）还要极其谨慎地做好校对工作。"

"我们分别在多伦多市……（停顿）克利夫兰市……（停顿）旧金山市……（停顿）亚特兰大市……（停顿）以及西雅图市举行会议。"

眼神交流

有效的眼神交流比任何别的因素都有助于内容的传达。

当你看着别人时，被看的人会认为你关心他们。他们会相信你态度真诚、诚实可靠。当观众对你产生这样的感觉时，你的演讲离成功也就不远了。

你的目光要与观众的目光相接触，这里的观众是指坐在观众席的每个独立个体。不要看向观众的头顶上方，也不要盯着房间后面某个空荡荡的地方。（曾有人将这些做法当作建议提出来。我就不兜圈子了，这不是好建议。）

不要用眼睛"扫视"整个房间。你应该直接看向房间里某个具体的人，一直看着这个人，直到表达完自己的某个想法，然后再将目光移向下一个人。如果你想向观众传递真诚，就一定要跟他们保持有效的眼神交流。

不要反复看向同一个人。在时间允许的情况下，你能进行眼神交流的观众越多越好。此外，眼神交流还能及时向你提供观众的反馈。

观众看起来对我的发言感兴趣吗？还是他们已经无精打采了？如果你感受到观众有些无聊，就要加强眼神交流，变换语音语调，使用肢体语言。

尽量不要在语法上的停顿处（例如两个句子之间的停顿处）环顾观众，因为当你并没有在说话的时候，你的肢体动作看起来会很笨拙。

演讲桌

诸如是否使用演讲桌这一类的基本问题，会向你的观众释放强有力的信号。大多数演讲者在大部分演讲中都会用到演讲桌，这种做法合情合理。别的不说，它至少为你提供了一个放资料和水杯的地方。

可惜的是，很多演讲者不假思索地选择每次演讲时都使用演讲桌，这种做法并不可取。演讲桌遮住了你大约百分之七十的身体，并在你与观众之间竖起了一道屏障。鲜有能借助这种屏障变得更精彩的演讲。

如果你能在演讲时离开演讲桌，即便只离开一小会儿，你也会显得更自信、更讨人喜欢，也更具说服力。是不是值得一试？

纽约市前市长鲁道夫·朱利安尼在发表市长告别演说时，从圣保罗教堂的演讲桌边走了下来，走向了现场的观众。这样做表达了市长对市民的深切关怀，也激起了民众对市长的大力支持。

肢体语言

大部分有关演讲的书都谈到了手势的重要性。比起手势，我更愿意谈谈其他肢体语言的重要性。当然，在手部动作的辅助下，你能更有效地向观众传达自己的想法，但除了手部动作之外，你的整个身体都应该随着发言动起来。

挑眉毛、微笑和耸肩这些动作，都可以用来表达说话人的想法。只要用得恰到好处，这些动作就能为你的演讲带来很大帮助。

这里有个小练习：在线搜索 H. 诺曼·施瓦茨科夫上将于"沙漠盾牌"行动和"沙漠风暴"行动期间发表的简短有力的讲话。你将从施瓦茨科夫上将的演讲中学到实用的表达技巧。

- 他昂首挺胸地站在演讲桌侧面。（这与很多来自企业界的演讲者形成了鲜明对比，那些人拼命地将自己藏在演讲桌后面。）
- 他做了很多大胆的手势，而且动作幅度都很大——以便台下每个人都能看见。
- 他与现场观众保持着直接的眼神交流。
- 最令人耳目一新的是，他用面部表情向观众传递了各种不同的情绪，比如决心、同情、骄傲、愤怒和承诺。（这儿可没有面无表情的政府官员。）

提前将自己要做的动作编排好不仅没有必要，甚至也不可取。你会发现那些动作将随着演讲的进行和对正在表达的观点的信念自然而然地做出来。比如你在发言中加入自己的热情、想法和生活经历，肢体动作便会相应地表达到位。如果你做不到的话，那么挥再多次手也于事无补。

练习发言时，你会发现：

- 强调某个观点时，你的身体会微微前倾。
- 引用有趣的内容时，你会微笑。
- 感受到观众有良好的反馈时，你会轻轻点头。

- 引用某些粗鲁或不正确的言论时，你会不自觉地摇头。
- 总之，你会发现自己散发着个人魅力。你向观众传递的热情越多，你的个人魅力也就越大。这是一种交易——付出就会有回报。

关于手势，有一点需要注意：动作的幅度不要太小。如果你抬起一根手指来说明某项内容，观众甚至可能看不见你这一动作。举起整只手，举起整条胳膊，让身体的动作替你说话。

如果你不善于用肢体动作表达自我，那么可以在演讲开始前按照"8"字形甩动胳膊。（当然，要私下里这么做。）这种大幅度的动作有助于放松心情。

结束发言后

假如你刚刚说完演讲稿上的最后一句话，这时你要注意了。

你的演讲还没有真的结束。不要立刻离开演讲桌，留在自己的位置上。再直视观众几秒钟，和刚才掌控你的演讲时一样，继续掌控现场的安静气氛。

如果你写出了一篇成功的演讲稿，那么最后的几句话应当是富有力量并令人难忘的。实际上，你的结语很可能是整场演讲中最精彩的部分，让观众多回味回味。

然后合上文件夹，走下讲台。下台的步伐要干净利落、充满自信，就和你上台时一样。

在你入座以后，不要立即和坐在旁边的人讲话。此时讲台上很可能已经站了其他的演讲者，假如你现在说话，观众会觉得你很粗鲁。

最重要的是，不要跟人交头接耳，说诸如"啊，终于结束了"，"你能看见刚才我的手抖得多厉害吗"之类的话。我见过很多演讲者在发言结束回到座位上之后，便开始摇头晃脑、左顾右盼，他们这种行为只会破坏原本良好的发言效果。

安静地坐下来，让自己看起来专注而自信。观众可能还在鼓掌。面带微笑，用表情告诉大家自己很高兴来到这里。其他的表现都会令你看起来很不自然。

很多演讲者甚至连掌声都提前规划好了，这种做法一般是针对重要场合的。演讲者会让工作人员来听演讲，让他们分散开来坐在观众席中。当这些人开始鼓掌的时候，就会带来连锁效应。瞧！长时间的起立鼓掌！

紧张

"我害怕自己会紧张。"这是演讲者通常都会有的感觉，而且在某种程度上算是一件好事。这说明你很重视向观众传达信息的过程，并且真心希望自己看起来和听起来状态都不错。

重要的是，你要明白紧张究竟是什么。紧张是一种能量。只要你能好好引导这种能量，它就能转化成积极的力量。你可以让这种力量为己所用，使自己受益于它。

但如果听任这种能量自由发展，允许它控制你，那你就有麻烦了。它或许会令你口干舌燥、声音嘶哑，也可能让你下意识地前后摇晃身体，在演讲中说许多多余的"啊"和"嗯"。紧张还可能引起健忘。

那你该怎样引导紧张的能量呢？照本章说的去做，学着将多余的能量投入到眼神交流、肢体语言和声音情绪中去。这些身体活动能为紧张找到出口，不失为消耗多余能量的好方法。

除此之外，有效的眼神交流、有力的肢体语言和充满激情的声音能帮你建立自信。当你直视观众并观察到他们脸上的反应时，你就很难再感到紧张了。

在发言前预防紧张的技巧

做任何事都有诀窍，演讲也不例外。请看那些专业的演讲者是怎样约束自己的紧张情绪的。

面对因紧张引起的身体不适，你首先要做的就是和医生聊聊。医学专家可以提供可靠的意见。（尤其是牙医，他们熟知紧张或压力可能导致牙关紧闭或磨牙等症状。）

这里有一些曾帮助过其他演讲者的有效练习：

· **试试"肢体练习"。**在开始发言之前，可以独自去洗手间或某个安静的角落，将注意力集中到身体最为紧绷的部分上。是你的脸？你的手？还是你的胃？刻意地先将这个部位绷得再紧一些，然后放松。你会体验到强烈的释放感。如此重复几次。

· **慢慢低下头。**放松你脸颊的肌肉，之后再让你的嘴巴松弛下来。

· 做鬼脸。用嘴巴鼓气，再将气体吐出。或者先张开嘴巴睁大眼睛，然后再将嘴巴和双眼紧紧闭起来，这样交替做几次。多打几次哈欠来放松你的下巴和口腔黏膜。

· 假装你是一名歌剧演员。模仿歌剧演员练声时唱的"咪，咪，咪"，多唱几次。唱的同时还要挥动手臂。

· 试试"心理练习"。在脑海中回想那些曾带给你美好回忆的事物，比如在湛蓝的大海上航行；在群山间的湖泊中游泳；在沙滩上漫步，享受脚趾接触沙子的感觉。（水常常能令人心生平静。）

· 理性地安慰自己。对自己说："我准备好了。我知道自己要说什么。"或者："我花了一年时间在这个项目上，没有人比我了解得更清楚。"又或者："我为自己能站在这些人面前发言而高兴，这有利于我的职业发展。"我认识的一个人喜欢不停地对自己说："这总比死好，这总比死好。"这句话听起来有点极端，但确实对她很有用。况且她说的是对的，做演讲总比去死好。

如果你惧怕发表演讲，那就试着想想那些对你来说比演讲更恐怖的事物。这样对比之后，演讲就会变得比较有吸引力了。

· 试着在心里设想一遍。假设你刚被介绍给观众，想想接下来具体要做哪些事。你会从座位上站起来；你会用左手拿着文件夹；你会自信地走向讲台；你会昂首挺胸；你会直视向观众介绍你的那个人；你会和那个人握手；你会……**如果在你的设想中，自己表现得很自信很成功，那等到实际演讲时你也会自信而成功的。**

最重要的是，不要跟观众说你很紧张，永远不要。说了的话，你会让自己更紧张，连观众也会被你弄得很紧张。

在发言中预防紧张的技巧

好的。你已经仔细准备了演讲稿，也做了发言前的相关练习。现在，你站在讲台上，是不是感觉嘴巴微微发干？

不要惊慌。加强与观众之间的眼神交流，这有助于你将注意力从自己身上转移到观众身上，缓解口渴的感觉。

如果你仍然觉得口渴，那可以喝自己提前放在演讲桌上的水。不要觉得尴尬，对你自己说："这是我的演讲，我想喝水就喝水。"

还有其他的生理反应吗？比如——

• **汗水顺着额头往下流**。用你提前放在演讲桌上的棉手帕擦汗。不要犹豫、大大方方地擦。轻轻拂过是不起作用的，而且你要是轻轻拂过的话，就得反复做这个动作。还不如第一次就直接用力擦干，省得返工。此外，不要用纸巾擦汗，纸巾的碎屑会粘在你脸上，使你看起来很狼狈。

• **颤抖的声音**。暂停讲话，强化你与观众的眼神交流，注视着他们。随后调整好气息、降低音调，重新开始讲话，专注于清晰而稳定地吐字。

• **抖动的双手**。放心吧，观众可能根本注意不到你的手在抖，但如果你很在意这件事或是被它分散了注意力，那你可以做一些肢体动作来释放紧张情绪。比如变换双脚的位置、边说话边往前走几步、朝观众微微倾斜身体，或是动动胳膊。做点什么来消耗体内因紧张而产生的"能量"。（要是一直僵在那里，你的手只会抖得更厉害。）

· **心跳加速**。没关系，观众看不见你胸部的起伏。如果你因此而担心自己的健康状况，可以咨询你的医生。

· **清嗓子**。如果你忍不住要咳嗽了，那就咳吧——记得离麦克风远一些。喝几口水，或含一片止咳药在嘴里。还要再说一遍，准备充分的演讲者每次都会随身携带止咳药——拆了包装的小片止咳药，便于随时服用。

· **流鼻涕，淌眼泪**。明亮的灯光可能会引发这些反应。你只需要停下来，说"不好意思"，然后再擤鼻涕或擦眼泪即可。不要小题大做地向观众道歉，一句简单的"不好意思"就足够了。

· **恶心**。假如你在演讲前感染了某种病毒，害怕自己会在发言过程中呕吐，那么不要无谓地担心，问问医生的意见。

对于舞台演员来说，演出是不可中断的，即使他们患上了严重的病毒感染。所以很多演员会在后台放一个垃圾桶，以便能在换幕时呕吐。

但你**并不是**舞台演员，又何必把病毒传染给别人呢？如果感到非常恶心，而且排除了过度紧张的因素，那你可以直接取消演讲。因为你之前已经准备备了完备的演讲稿，可以请同事代你念。如果其他人无法替你完成，那你可以提出将演讲日期推后。

· **打嗝**。有些人在紧张时会忍不住想打嗝。如果你也是他们当中的一员，那你在发言前就要做大量的肢体练习来让自己松弛些。演讲当天不要喝碳酸饮料，午餐要吃得清淡。尽量独自吃午餐，吃的时候保持安静，不要边吃饭边说话。

· **口误**。专业演讲者、电台播音员和电视主持人都经常出现口误，那么，**你为何要过于追求完美呢？**

如果只是小小的失误，直接忽略它，接着往下说。如果失误较严重，那就要加以修正。只要重复一遍正确的说法即可，说的时候要面带微笑，让观众知道你也是个会犯错误的普通人。

然后继续你的发言，不过这时要稍微减缓语速。一旦出现了一次口误，那就很可能再出现第二次。口误通常都是因为你将太多的注意力放在了自己身上，而不是放在了说的内容上。所以要放松心情，减缓语速。

· **健忘**。有的人会看着某一位观众，忘了自己要说些什么。这时候你是不是庆幸自己提前准备了完备的演讲稿？那就好，那么你就少了一件要操心的事。

起哄的观众

就像鸭子不会惧怕嘎嘎声、绵羊不会惧怕咩咩声，你也不用害怕那些无知的人对你的质疑声。

——爱比克泰德

起哄的观众常常仅仅存在于演讲者的噩梦中。他们几乎从来不会造成现实中的问题。然而如果你在演讲进行到一半的时候看到有观众正在向你招手，那你就需要现实中的帮助了——而且立刻需要。

首先，保持冷静。起哄的观众就像那些喜欢打骚扰电话的人一样，他们只是想搅得你心烦意乱。如果你能保持冷静，就相当于摧毁了他们的乐趣。此外，保持冷静也意味着你依然掌握着控制权。

无视他们在半空中来回挥舞的手，继续发言。把手举高并挥舞是件很累人的事，那些人可能很快就会因为疲惫而放弃。（试着将手举高挥舞几分钟，你就会明白我的意思。）

如果你听到他们在提问，那就停止发言，保持冷静，并要求该提问者将问题留到发言结束后再问。你的态度要礼貌而坚决。其他观众会欣赏你的处理方法，提问的那个人也很可能会尊重你的要求。然后再继续你的发言。

如果提问者的声音越来越大，那你就不应该继续发言了。此时你该看向组织这次演讲活动的负责人。幸运的话，负责人会帮你制止那位提问者，甚至将他赶出演讲现场。

如果负责人没有这么做，那你就要再次向提问者强调：“我刚才说过了，我很乐意回答你的问题，但要等到发言结束之后。”事情发展到这一步，你的耐心和专业素养肯定已经博得了现场其他观众的尊重和同情。

如果事态恶化，那你就要直面提问者，对捣乱的人说：“在座的各位都知道我是（姓名），来自（公司名称）。那你能告诉我们你是谁吗？”起哄的人都倾向于隐瞒自己的身份，和那些打骚扰电话的人一样。

如果事态继续恶化，那你就要向在场观众寻求支持。可以停止发言，往演讲桌后方退几步，昂首挺胸，表现得勇敢而坚定，并保持沉默。让活动的组织者出面向起哄的人施加压力，令其闭嘴或离开现场。

毕竟，你才是受邀来演讲的嘉宾，不需要向起哄的观众证明自己。你有权得到公正的对待，并向观众表达你的观点。

万一观众不愿意支持你作为演讲者所拥有的基本权利，那你也就不要把自己的时间浪费在对着他们演讲上了。你需要做的是带着尊严离开。

令人尴尬的小毛病

检查你的演讲稿时，请特别注意那些容易混淆名词和动词词性的单词。有些词既可以做名词，也可以做动词，取决于你重读哪个音节。

想想这几个词：produce、project、reject 和 console。当你把重音放在第一个音节上，它们全都是名词。（"我们需要三个月来完成这项工程 [project]。"）如果你重读第二个音节，它们又都变成动词了。（"这里介绍了我们是如何规划 [project] 成本的。"）

如果你读错了重音，那么观众一眼就能看出来你是在"读"演讲稿——这将严重损害你作为演讲者的权威。请提前练习好。

许多年前，我采访过玛吉·库恩，她是"灰豹党人"①的发起者。

---

① 20 世纪 70 年代美国反抗年龄歧视的民间组织。

这位优秀的社会活动家曾提醒我们注意："当你最不经意的时候，兴许有人正在倾听你说的话。"

　　我的建议是，当他们在倾听时，你要确保自己听上去状态良好。

12 / 传统媒体和社交媒体

当今时代，每个人都可以拥有自己的自媒体，你怎么能不利用好这个工具呢？当世界令每个人都能轻易获得别人的关注，你又怎么能白白浪费这个机会呢？

——赛斯·高汀，畅销书作家

你的演讲大概不会出现在国际新闻节目中。不过没关系，你还可以通过很多其他的方式来为自己的演讲内容博取关注。可以从小范围的宣传做起，一步一步地扩大自己的宣传规模。

从最基本的地方下手，在预算和时间允许的前提下尽量加大宣传力度，同时，要在你的演讲素材允许的条件下尽量去宣传。

你要知道，不是所有的演讲都有新闻价值。如果你希望一场老生常谈的演讲获得媒体关注，那你会失望的。

越是大张旗鼓地博取关注，越有可能什么关注也得不到。正如互联网新闻博客 Mashable.com 的创始人皮特·凯什莫尔所说：

在我们生活的这个时代，关注度已经成了新的通货。随着成百上千的电视频道、几十亿个网站，还有大量的播客、广播节目、音乐下载平台和社交网站的出现，我们的注意力比以往任何时候都要分散。

那么，在有这么多事物分散人们注意力的今天，你该怎样宣传自己的演讲呢？这里有十六条建议。

1. **标题要能引人注意**。为你的演讲想一个**值得**被引用的标题。

我有一个爱好，多年来，我一直在收集那些被《纽约时报》及其他新闻刊物一字不易地引用的演讲标题。我从中学到了什么呢？我了解到，如果你的标题巧妙、生动又富有创意，那就更有可能被媒体引用，因为它符合被引用的条件。我同时还发现，像"能源产业的机遇和挑战"或"关于公共住房问题的讨论"这种刻板的标题从未被媒体引用过，从来没有。

这告诉我们，所有演讲者都有必要为自己的演讲想一个吸引人的标题。

"我是强力胶带"这个标题，出现在二〇一三年的一次空军讲话中，它毫无疑问地引起了我的注意。那是第九百三十四任空运联队指挥官达雷尔·扬上校在明尼阿波利斯市举办的空军志愿者表彰晚宴上的讲话，达雷尔上校在这篇精彩的简短讲话中反复用到了一个词"延展性"。你是不是不清楚"延展性"在这里是什么意思？我也是在读完整篇讲稿之后才知道的。这就是好标题的妙处，它会吸引人一探究竟。我们能学到新东西，还能用新的视角看待旧事物。

你需要灵感？可以尝试改写热门电影、图书和歌曲的标题。在日期方面开开玩笑，抑或套用去年用过的标题，你还能在该活动的官方主题上加入自己的创意。标题要具体、形象，只要你愿意的话，也可以带着些玩世不恭。只要不无聊就行。

2. **在社交平台上发布演讲信息。**在演讲前一两个月，发布"预留时间"的通知。我经常会在应邀去某次会议上发言时这么做。等到活动当天，肯定有与会者走过来跟我说："我在领英上看到了你发布的通知，很高兴我能按时到场。"

3. **在演讲前约两周时，在社交平台上跟你的线上好友们分享一些"诱饵材料"。**告诉他们你的演讲主题是什么，并分享一些吸引他们注意力的花边新闻。邀请他们有时间的话就来听你的演讲，并请他们介绍一下自己。**记住，**"社交媒体"这个词的重点是"社交"，它存在的目的就是将人们聚集在一起。你的社交能力越强，成功的可能性就越大。

4. **将你的演讲内容拷贝给观众。**如果你在演讲中用到了演示文稿，那就提出可以将这些材料用电子邮件的形式发给感兴趣的观众。之后要守信用，尽快将演讲内容发给大家——最好是在演讲结束后二十四小时以内发，最长不能超过四十八小时。后续材料将给人留下很棒的印象。如果能及时发送的话，更会事半功倍。

我是怎么知道这些的呢？因为我经常要面向一些职业协会发言（比如国际商务交流协会、美国记者和作家协会等）。发言时，我通常都会主动提出给观众发送后续材料，而他们总是会对我说："琼，谢谢你给我们发送后续材料。很多演讲者一开始也承诺将材料发给我们，但他们最终都没能遵守诺言。"

鼓励观众再将你的材料分享给其他人，以实现乘数递增效应。在工业时代，人们的能力是由其最薄弱的环节决定的。但到了社交媒体时代，人们的能力则由他们分享的信息的数量与质量决定。谁给你分享的内容"点赞"了？谁在你分享的内容下面发表了深刻的评论？

还要注意一个问题：一开始就要告诉观众，你很乐意将发言的全部内容分享给他们。不要等到他们已经坐在那里手忙脚乱地记了二十分钟笔记之后，才告诉他们你可以提供电子版的总结。我见过很多演讲者犯这个错误，结果当然闹得很不愉快。观众会抱怨自己白白记了半天笔记。

有个实用的建议，可以请工作人员在门口张贴告示，提醒对内容感兴趣的观众留下他们的名片。这样做可以省去很多麻烦，免得大批观众围在演讲桌前方，向你提出各种要求。讲台上的确会出现这种混乱的情形，我可不是在开玩笑。

一定要提防演讲结束后出现混乱。当中国人民银行原行长周小川在二〇一二年的博鳌亚洲论坛上结束自己的发言后，大批记者一拥而上，将他堵在了台上，混乱中甚至有一名记者从台上摔了下去。

再举一个例子，在一次行业大会上，我目睹了同一个讨论小组的一位成员试图在发言结束后避开围上来的观众。当时他向后退了几步，结果一不小心从近一米高的台上掉了下去。以此为鉴，一定要提防演讲结束后出现的混乱局面。

说到这里，也要提防演讲过程中出现的混乱。我参加过一次在纽约举行的会议，会上一位演讲者提到自己买了相关产品的样品来发给大家，但他担心自己买得不够多。这时候，我惊讶地发现大批观众站了起来，然后直接跨过一排排座位冲向了演讲者，他们打断了发言，非让演讲者送他们免费样品不可。(这种事是编不出来的。)

5. **提前将演讲内容拷贝一份，发给跟你合作的行业出版物。**为了减轻编辑的工作负担，还要做到以下几点。

a. 确保稿件上的内容清晰易读，段落不要太长，页边距要够宽。

b. 添加小标题以吸引编辑的注意。

c. 将演讲内容中你认为值得引用的短语用醒目的颜色标出来，以便编辑能直接将这些短语挑出来用作标题、图片配文或其他说明性质的文字。

d. 加入一个总结段落。这可能是编辑会用心阅读的唯一一个段落，所以一定要写好。这其中可以包括任何一种能迅速引起编辑注意的内容，比如令人印象深刻的统计数据、令人难忘的引用语、有趣的例子等。

6. **美化你的个人网站**。潜在的观众无疑会先访问你的个人网站，借此来了解你的背景信息。确保你的网站能及时更新内容，还要便于在手机上查看。要在整个网站中反复呈现关键信息。（这一灵感来自 IBM 的创始人托马斯·沃森。他提出了那个著名的口号——"善于思考"，还将这个口号贴在各个地方，比如公司的墙上、办公用品上，甚至还贴到了家里。这种做法值得所有演讲者学习。）最重要的是，不要让三个月前就已经失效的公告继续出现在网站访客的视野中。

7. **找一些与你的演讲主题有关的博客文章，与发表这些文章的博主取得联系**。想想怎样与他们建立关系。评论他们的博客内容，给他们"点赞"，在线分享他们的文章，再给这些博主提一些写作主题方面的建议，并向自己的线上好友介绍这些博主。然后，你就可以在自己的演讲中"自然地"引用这些博客中的内容。

8. **将演讲内容拷贝一份发给附近的高校**。

a. 就业指导办公室可能会将有关演讲的网页链接分享给有意去你所在的公司求职的学生。

b. 相关院系的老师可能会将你的演讲内容用在课堂上。（提示：很少有演讲者会联系附近的高校，这对他们来说真是个损失。因为如果你演讲中的内容有幸被教授们用在自己的课堂上或著作中，那你将从乘数递增效应中获益。）

9. **将你要发表演讲的通知发给自己的母校**。高校都会为本校学子的成就感到万分骄傲。如果你受邀在大型会议上发言，你的母校一定会为你自豪。他们可能会邀请你回学校给在校生做讲座，也可能在校刊上提到你和你的成就。不要忽视这些可能性。你还可以通过领英等平台与其他校友保持联系。

10. **联系当地的报社、广播电台或电视台**。向相关负责人发送一份简要生动的新闻稿。不要光想着"公司形象"，要想着怎样才能将内容写得"有新闻价值、有趣，或是重要"。站在报纸编辑或节目编导的角度看问题，问自己："我会想要什么样的新闻稿？"屡试不爽的答案是："能减轻我工作负担的那种。"

对于报纸来说，给他们一条不错的新闻导语，就是那种编辑们可以按原样照搬的。没人喜欢给自己找麻烦，编辑们想要能让他们的工作变得更轻松的新闻稿。好好为他们写导语，他们可能也会好好替你报道。

对于广播和电视节目来说，写好三四个短小的句子，这些句子听起来要有力，而且可以直接用于节目录制。**记住**，节目编导每天都会收到大量的新闻稿。挑出可以直接使用的那一部分是人类的天性，因为这样可以免去额外的编辑加工工作。

如果你感觉对方对你的稿件有兴趣，那就主动提供写好的备用材料，包括最近所有有关你的出版物。你的名字出现在书或杂志上有利于提高个人公信力。对于电视节目来说，可以主动提出为对方提供视觉素材，包括照片、录像、小型模型、海报、表格，甚至是你用来证明个人论点时向大家展示的文件。

电视是高度视觉化的媒体。如果你主动提供展示给观众看的东西，那你上节目的可能性就会增大。

11. **将你的演讲内容分享给当地商会**。他们可能会摘录部分内容放在自己的网站上。主动提出要为该网站提供资源，鼓励网站访客有问题的话就写信给你，慷慨地解答他们的问题。查尔斯·达尔文曾写道："在漫长的人类历史中……那些最善于合作和即兴发挥的人都取得了胜利。"他写下这句话的时候，心里并没有想着社交网站，但这句话可以用来总结以分享和合作为主题的互联网文化。

12. **请演讲活动主办方公开你的照片**。如果你的演讲取得成功，他们也是直接受益人，所以你要让他们参与进来。确保他们提前给大家看了你的长相。演讲结束后，让主办方将你演讲的内容上传到他们的网站，这样那些错过现场演讲的人至少还可以在线阅读你的演讲内容。

13. **博客**。如果你还没有自己的博客，那就注册一个。你上传到博客上的演讲越多，你的平台也就越大，然后会有更多的人关注你的博客。

14. **不要忽视名片的作用**。老式的名片具有重要的信息传递功能。不要只在名片正面写上个人的联系方式，背面却一片空白。一片空白对你一点好处也没有。

与此相反，仅仅通过在正反两面都印上相应的内容，就可以将自己的名片打造成营销工具。那么，名片背面该放什么内容呢？可以是你最近的演讲标题、那些令人印象深刻的观众的名单、你作为演讲者得到的肯定、来自某次演讲的惊人数据、你在工作中取得的认可、你获得过的荣誉，或是曾经提过你的杂志。

也可以考虑在名片背面印上一个问题。这个问题要能让那些收到名片的人对你和你的关键信息产生思考。

我从事演讲稿写作和演讲培训工作，经常去演讲现场帮助主办方提高演讲的性价比。所以，为了让别人了解我的工作成果，我在名片背面是这样写的：

> **拙劣的演讲浪费了你所在的组织多少钱？**
>
> 将准备演讲的时间、差旅费和参加演讲的观众
>
> 总共花费的时间都算上。
>
> 然后再加上你的机会成本。
>
> 挽救你们的演讲吧……就是现在。

15. **着眼全球。**你的观众可能是本地人，而你讨论的话题却可能适用于全球。要不遗余力地通过自媒体平台与生活在各个大陆的观众取得联系，吸引全世界的人关注你发布的动态。事实上，大多数话题都不受国界限制。比如绿色环保、家庭暴力、青少年健康、枪支安全、文化素养……你可以在自己生活的地方发表关于以上任何话题的演讲，而这些演讲可以通过社交媒体吸引全世界的注意。

16. **增加你在社交媒体上的联系人数量。**如果稍微努力一下就能获得七百位线上好友，那你为什么还要满足于当前的

一百三十五位好友呢？了解你和你演讲的人越多，你获得的关注度就越高。

充分利用好你的演讲。毕竟，你辛辛苦苦地准备了这么久，现在轮到它努力回报你了。

13 / 跨国演讲

Az me hunt iber di planken, bakumt men andereh gedanken.

（只要你越过那道栅栏，就能获得新的想法。）

——意第绪语谚语

商业的全球化带来了许多方面的改变——不仅仅是需要与全世界的观众交流。

一位南美的制造商受邀去莫斯科演讲，几位日本的企业高管要为在加利福尼亚州发表重要讲话做准备，一位德国的银行家将在于伦敦举行的一系列国际银行家会议上发言，一位美国的会计师须在于法国举办的职业女性大会上发言，一位企业家希望自己能向全世界的观众推销他的产品……在今天，这些都是常见的演讲任务。

然而，极少有演讲者拥有丰富的跨国演讲经验，他们基本上都会带着满心疑虑走上跨国演讲的讲台：

- 这些外国观众有没有什么特殊要求？

- 怎样才能确保他们理解我的演讲内容？

- 怎么做才能避免在不同的文化背景下出丑？

- 幽默能跨越语言障碍产生效果吗？

- 如何向主办方表明我对他们的尊重？

- 如何表达我对自己国家文化传统的自豪？

下面的例子将展示一些国家领导人是如何应对跨国演讲任务的。也许你会从这些例子中获得启发。

如何让说其他语言的观众听懂你的演讲

使用夸张的措辞打造更具影响力的表达

二〇一二年，加拿大前总理史蒂芬·哈珀发表了英联邦阵亡将士纪念日讲话，他当时的措辞非常精彩：

> 今天，我们因为纪念活动聚集在这里，聚集在这个亡灵们安静休息的地方，聚集在歌颂他们牺牲精神的纪念碑旁。
>
> 我们提及往事，提起我们的祖辈先贤，他们将自己毫无保留地献给了国家，只为守护我们的安定生活，而这同时也铸就了他们自己的荣光。
>
> 我们殷切地希望，上帝能仁慈地对待这些不朽的灵魂。

岁月不会令他们疲倦衰朽，年华也无法非难他们。

这是一个显而易见的事实。

确实，他们不会变老，我们这些剩下的人才会老去。

而这也是我们可以使之应验的祈祷。因为只要我们每个人都将他们铭记于心，这祈祷便会成真。

演讲内容要应景

二〇〇二年，美国前总统吉米·卡特在哈瓦那大学发表了演讲，作为自菲德尔·卡斯特罗一九五九年执政以来第一位访问古巴的美国总统，卡特此行受到了媒体的密切关注。

通过用西班牙语念出提前准备好的演讲稿，卡特打破了美国和古巴两国之间四十年来互不信任的局面："现在，是时候改善我们两国之间的关系了，还有我们看待彼此和展开沟通的方式。"

展现共同的兴趣

挪威前首相延斯·斯托尔滕贝格二〇一二年在一场于东京举办的商业研讨会上，这样开始了自己的发言：

从地理位置上来说，日本和挪威距离遥远。但我们两国在很多领域都有着密切的合作。

我们有着共同的价值观，都坚定地拥护民主和人权。我们在许多重要的国际事务上紧密配合，比如母婴健康、联合国改革等。

当前，我们正携手面对眼下最艰巨的挑战，那就是气候变化带来的威胁。

使用"重复"的手法

"重复"是一种可以使你的演讲内容更令人难忘的修辞手法。但对于跨国演讲来说，"重复"的作用不仅体现在塑造文体风格上，更体现在帮助观众理解方面。它能帮助那些跟你有不同文化背景、说不同语言的观众更好地领会你传达的信息。

二〇一二年，在纽约举办的联合国大会上，斯洛伐克前总统伊万·加什帕罗维奇用下面这几句有力的话作为自己演讲的开头：

> 冲突不会被国境线阻断。我们当前生活在一个彼此交织的世界里，每一个问题都是我们大家的问题，每一个威胁都会变成我们大家的威胁，而每一个成功都会给我们大家带来好处。

告诉外国观众你很高兴能为他们演讲

在担任菲亚特汽车公司董事长一职时，乔瓦尼·阿涅利曾受邀去英国牛津大学做一年一度的罗曼尼斯讲座。（罗曼尼斯讲座邀请的都是艺术、科学或文学领域的杰出人物，只有一九八二年的罗曼尼斯讲座的首场演讲是由英国前首相威廉·格莱斯顿主讲的。）

阿涅利这样表达了他对这次跨文化演讲怀有的荣幸之感：

在过去的一百多年中，做罗曼尼斯讲座的都是英国最杰出的男性和女性。我想这是这个盛会上第一次由意大利人上台主讲。我非常感谢校长和牛津大学赋予我这项殊荣。

不过，或许我该提醒大家一句，我是一个实业家，学术研究不是我的工作，所以希望大家不要期望我能给你们带来一次严格意义上的学术讲座。我今天想要讨论的是一个大家现在都很感兴趣的话题：什么是欧洲？

重现时间和地点

通常来说，让观众了解演讲中所涉及事件发生的时间和地点是很有必要的，而对于外国观众来说，这一点显得尤为关键。如果大家需要结合一些背景信息才能正确地看待你传达的内容，那就把背景信息讲给他们听。

一九二一年，玛丽亚·居里在瓦萨学院发表有关镭的发现的演讲时，就很好地抓住了这一点。由于她演讲的时候距离首次发现镭的时间已经过去了二十多年，居里夫人在进入主题之前先做了一些背景铺垫：

关于镭和放射性，我可以跟你们谈很多内容，这将需要很长的时间。但由于时间并不允许，我只能给你们简单介绍一下我对镭的早期研究。

镭已经不再是一个新生儿了，距离它被发现已经有二十多年，不过因为发现它的过程有些特殊，所以我总是乐此不疲地向大家解释这个过程。

说到这里，我们需要回到一八九七年，那时我跟我丈夫居里教授在物理和化学学院的实验室里工作，居里教授就是在那里主持他的讲座的……

寥寥数语，玛丽亚·居里就将观众带回了二十几年前，带回了事情发生的那间实验室。

用一个主题将演讲者和他们的话题联系起来

二〇一二年，救世军组织在布拉格举办了他们的欧洲大会。当时有来自三十多个国家的一千三百多名救世军组织成员赶来参加，是什么将这么多人联系起来？那便是大会强有力的主题："前进吧！在自信、团结和力量中前进。"

会议内容围绕着救世军的国际视野展开（以三分法表述为）："同一支队伍，同一项使命，同一种信念。"

大会上最引人注目的环节则是罗伯特·斯特里特理事举起了一块柏林墙的残骸——用以提醒大家，直到近年，救世军组织仍然在欧洲的十二个国家遭到排斥。

语言要生动

新当选为巴西总统的费尔南多·科洛尔·德梅洛在评估本国的经济状况时，采用了将信息高度视觉化的表达方式，这种表达方式对于说任何语言的人都极具冲击力：

> 我正以每小时一百五十公里的速度，将一辆拥挤的公共
> 汽车开向悬崖。我们要么选择急刹车，这样车上的人会因为
> 惯性受点擦伤，或者我们就冲下悬崖，集体丧命。

提及存在已久的友谊

约旦国王阿卜杜拉二世曾对英国的议会做演讲，他是第一位
向英国议员发言的中东阿拉伯国家元首。他在演讲的开头部分回
忆起已故的父亲侯赛因国王："他是中东地区的和平缔造者和矛盾
调解人。我很高兴今天看到他的许多朋友来到了这里。"

发掘纪念日的实际意义

二〇〇九年，瓦茨拉夫·哈维尔在布鲁塞尔召开的欧洲议会
上发表了讲话，以纪念冷战时期的"铁幕"倒塌二十周年。这位
捷克共和国前总统用以下这些话感染了在场观众的情绪：

> 在古代遗产、犹太教文化、基督教文化、伊斯兰教文化、
> 文艺复兴和启蒙运动的熏陶下，欧洲丰富的精神历史和文化
> 历史创造了一系列无可置疑的价值观。对于这些价值观，欧
> 盟经常只是口头上承认，实际上通常只将其视作他们真正在
> 意的东西的表面包装。但真正重要的难道不正是这些价值观
> 本身吗？难道不正是它们为大家指引了方向？

二〇一三年的新年，我是在布拉格度过的，当时我感受到了瓦茨拉夫·哈维尔的话对捷克人民产生的深远影响。成千上万的人将鲜花带到他的纪念碑前，他们还在那里点燃了蜡烛。许多人在此驻足，沉思良久。

强调所有家庭共有的东西

美国前第一夫人埃莉诺·罗斯福在对日战争胜利纪念日上的讲话中，向所有饱受二战折磨的家庭表达了她的感同身受：

> 对于世界上所有祈祷对日战争胜利的人来说，今天是他们心愿达成的日子……至于我们国家以及世界上所有幸福的妻子和母亲，我为她们感到高兴。但我不能忘记，对于其他一些妻子和母亲来说，这样的时刻无异于在她们的伤口上撒盐。所有的女性——不论作为妻子、母亲、姐妹，还是女儿——只要有亲人加入了这场战争，她们就都能体会什么叫时刻担惊受怕地过日子。

用你自己的方式定义事物

一九六五年，当美国总统杰拉尔德·福特到赫尔辛基发表演讲时，他对和平的定义引起了全世界观众的共鸣："和平是一个需要相互制约和务实安排的过程。"

最重要的是说出你的想法，永远都不算晚

二〇一三年一月，英国首相戴维·卡梅伦面向议会发表讲话，其中关于英国与欧盟间关系的言论得到了热情的回应。他为最终实现了一直以来的目标而心满意足。就像卡梅伦先生自己描述的那样："我等这次讲话已经等了二十年。"

我们当中的大多数人都不用等上二十年才能说出对某件事的看法，但道理是一样的：对于你真正想说的话，你总有办法（和时间）把它说出来。

如何利用笔译员或口译员

如果我想卖给你东西，那我会说你的语言。Aber wenn Sie mir 'was verkaufen wollen, dann sollen Sie meine Sprache können.（但如果你想卖给我东西，那你就得说我的语言。）

——赫尔穆特·科尔，德国前总理

当约瑟夫·普利策在十九世纪和二十世纪之交发行《纽约世界报》时，他产生了一个新奇的想法——把自己的广告宣传延伸到地球之外、扩展到整个宇宙。怎样才能做到呢？他想在新泽西州架设从火星上也能看见的巨大广告牌。然而，他很快放弃了这个方案，只因为有一位同事问道："那我们要在广告牌上写哪一种语言？"

到底用哪种语言呢？

当然，大多数翻译工作都不会比普利策先生曾经面临的难题更具挑战性。但就算是最基本的口译工作，要求也是很高的。为不了解翻译行业的人着想，我们先来说明一下笔译和口译的区别。

笔译员翻译的是书面语言，例如将一篇用英语写成的演讲稿翻译成日语。

口译员翻译的是口头语言。口译员经常需要在现场工作，比如一位演讲者正在用德语发言，而口译员的任务是在这位演讲者发言的同时，将他的话翻译成英语，说给美国观众听。

不要有任何误解。那些偶尔说外语的人和外语熟练到可以担任重要商务场合的笔译或口译人员的人之间，存在着巨大的差距。口译和笔译工作无疑需要专业人士来完成，工作完成的质量取决于你付出了多少金钱。

十几年来，我一直在为某个国际组织提供演讲培训服务。我曾经与这个组织中来自世界各地的演讲者共事，包括来自日本、巴西、韩国、葡萄牙等国家的演讲者。有时，他们需要用英语发言，但如果他们英语说得不够流利，那也会改说母语。在这种情况下，我的工作就跟口译和笔译人员产生了很多联系。多年来，我已经充分认识到了翻译工作的价值。如果你有幸能与一位出色的口译或笔译人员合作，请不要吝啬你对他们的感谢，而且一定要留下他们的名片。

如果需要面对跟你说不同语言的观众发表演讲，你如何才能找到一位完全符合要求的口译员呢？可以试着在招聘面试时问他们以下问题：

· "你是在哪里学习口译的？"

· "你的学校 / 老师有相应的资质吗？"

· "你学习的内容偏重哪一方面？"（换句话说，是德语文学还是商务德语？）

· "你多久做一次口译工作？"（没错,外语能力真的会退化。）

· "你在说这门外语的国家生活过吗？"

· "你最近完成的三次口译任务是什么？"（询问具体细节，比如任务的时长，材料的类型，客户来自哪个领域，有没有什么特殊情况等。）

· "你有没有做过我们这一特定行业的口译工作？"（这是一个关键问题。各行各业都有自己的术语和行话，你需要一位像内行一样了解这些术语的口译员。）

与此同时，还要问自己几个问题：

· "我和这位口译员在一起时觉得舒服吗？"（和谐一致是不容忽视的因素。毕竟，你需要给予自己的口译员极大的信任，你还希望充满信心地信任对方。）

· "这个人能展现出我富有吸引力的一面吗？"（可以这样说，在观众看来，口译员就代表着你本人。）

下面是关于使用口译员的最后一点提醒，出自里根总统之口。在一九八八年二月对全美州长协会所做的演讲中，里根总统运用以下这种自嘲的幽默方式，向观众讲述了跨国演讲容易出错的地方：

> 如你们所知，我最近访问了墨西哥，会见了德拉马德里总统。这让我想起，在我还是加利福尼亚州州长的时候，当时的美国总统曾要求我代表他去墨西哥……
>
> 在这第一次访问墨西哥的过程中，我面向大批观众发表了讲话，结果演讲结束后他们的回应并不热情，我只收到了零零散散的几声掌声。我那时很尴尬，竭力想要掩饰自己的失落。而更加糟糕的是，在我之后发言的人说的是西班牙语，我听不懂西班牙语，但他几乎每说一句话就会被观众热烈的掌声打断。
>
> 见此情形，我开始赶在所有人鼓掌之前鼓掌，而且我的掌声比其他任何人的都持久，直到我们驻墨西哥的大使发现了我在那么干，并跟我说："我要是你就不会这么做。台上的人是在用西班牙语翻译你的演讲。"

画龙点睛

想一想以下这些你可以做的"小事"，你一定能让自己的跨国演讲脱颖而出。

- 美国陆军上将 H. 诺曼·施瓦茨科夫在马赛附近举办的一次仪式上被授予法国外籍军团荣誉成员身份后，用法语说出了他最为强有力的话语，来奉承当时在场的观众。他用自己能力范围内最好的法国口音，直接向法国外籍军团的官员们表达了衷心的赞美："你们都很伟大。"

• 毕马威国际的副董事长史蒂夫·哈兰在墨西哥以自由贸易的好处为主题发表演讲时，引用了一句古老的墨西哥谚语来结束自己的发言。首先，他将这句谚语用其原来的语言，即西班牙语说了出来："El que adelante no mira, atrás se queda." 然后，他稍作停顿，接着又给出了这句谚语的英语翻译版本："那些不会朝前看的人，就会落后。"通过用两种语言将这句外国谚语说出来，哈兰在自己与外国观众之间建立起了更为紧密的联系。

• 教皇约翰·保罗二世曾在七十七岁高龄时对古巴进行历史性访问，当时他用西班牙语做了布道，此举得到了在场群众的热情回应。这是继圣彼得教皇之后第一次有教皇访问古巴。考虑到这次访问的历史意义，古巴政府在当年（即便只有一九九七年那一年）重新将圣诞节定为公共假日。于是，空气中充满了为罗马天主教祈祷者响起的沙槌声和鼓声，而这也提醒了我们，音乐是真正的国际语言。

• 二〇一一年，英国女王伊丽莎白二世访问了爱尔兰。这是自爱尔兰独立后，第一次有英国君主对其进行访问。在国宴上，女王突然说起了盖尔语，此举令在场的所有人大吃一惊。不过最惊讶的要数当时的爱尔兰总统，她惊讶得连声说"哇"。的确，这的确值得赞叹。

14 / 演讲部门

一般而言，用嘴说比用信函处理效果更好。

——弗朗西斯·培根，英国大法官

这些情形听起来熟悉吗？

· 你是一家医院的管理者，你们医院刚刚扩大了门诊服务范围，你希望让更多人了解你们新增的相关服务。吸引潜在患者的最佳方法是什么呢？

· 你是一家小企业的老板，你想替你们公司提供的服务赢得正面的关注。可惜，你没有足够的预算去做广告宣传或雇用公关公司。你该怎么向业界形容你们的业务才能吸引新客户呢？

· 你是一家电力公司的经理，现在你们的顾客都在担心输电线路是否安全。你要如何说服他们相信你们的操作是安全的？

· 你是一家银行的分行经理，现在要做的是更加积极地寻找新客户。你要怎么说服客户使用你推荐给他们的一系列金融服务？

· 你是地方环保组织的活跃分子，你希望把你的环保理念传达给不同的观众群体——从公立学校到大学，从老年活动中心到商业集团。

考虑建立你们自己的演讲部门。成立演讲部门的目的是有组织地将公司的理念传达给特定的受众群体——也许是地方商会、女性团体、男性俱乐部，或是学校组织、亲和团体、政治俱乐部等等。

或大或小的组织都已发现，成立属于自己的演讲部门是一种向其他各种公民、商业、职业、社会及教育组织传递理念的好方法，既高效又低成本。总之，这么做有助于他们向相关受众传播理念。制药公司、公用设施公司、石油公司、银行、医院只是一小部分获益于有效运转的演讲部门的大型机构。

这并不是说只有大型机构才能从中获益。地方慈善机构、教堂、宗教组织、家庭经营的小企业……这些机构都可以利用好自己的演讲部门。个体经营者，例如律师、会计师、按摩师、兽医、咨询顾问、园艺师、健身教练、临床医师、自由撰稿人、技工等，这些人会极大地受益于公开演讲。为什么呢？因为在无力承担广告宣传费用或拥有公关部门的情况下，个体经营者必须基于自身掌握的信息参与竞争。当掌握的信息足够有说服力时，他们就可以像大型机构一样有影响力。

如果你想为自己所在的组织创立一个全新的演讲部门，如果你想为已经存在，但因缺乏活力而低效的演讲部门注入一些生气，抑或你只是想通过发表演讲来为自己的生意赢得关注，那就接着往下读吧，下面这些指导原则会帮助你。

部门成员

谁可以成为演讲部门的一员呢？如果你是个体经营者，那任务将全部落在你头上：你自己就是代表个人业务的发言人。

但如果你在一家大型机构里工作，那便可以有很多选择。想想谁能胜任演讲工作。

- 现在在职的员工中的一位？

- 全职员工或兼职人员？

- 这个人来自职工协会还是管理部门？

- 是普通员工还是高级管理人员？

- 或者是公司的退休人员？（一般来说，退休人员都对公司有较为全面的了解，同时也通晓行业事宜。他们有足够的时间可以用来跟大家分享自己的专业经验，观众也相当信任他们。）

部门规模

你该如何规划演讲部门的规模大小呢？答案是视实际的运转情况而定。

毕竟，如果你的演讲部门有二十位成员，你就得保证他们每个人都能分配到演讲任务，还要确保自己有足够的时间指导每一位成员，否则成立演讲部门的意义何在呢？

更好的选择是缩减演讲部门的人数，将更多的精力放在发挥每位成员的特长上。

部门培训

你为演讲部门的成员提供的培训的质量决定了他们的演讲水平。因此，你最先要考虑的就是如何训练他们，以及多久训练一次。

同样，如果你的演讲部门有二十位成员，那你就得有足够的预算来为他们所有人提供培训，否则成立演讲部门有什么用处呢？

更明智的选择：

根据培训预算来决定部门的规模。如果你的预算只允许你一年培训五名演讲者，那就面对现实吧，据此调整部门人数。充分训练好五名演讲者总比只能给二十名演讲者不合格的训练要好。不要为了省钱或者省时间，就试图跳过必要的培训环节——在这件事上不能讨价还价。

酬劳与待遇

明智的演讲者一般会拒绝金钱形式的酬劳，因为这种酬劳形式里充满了变数和陷阱。一个能力一般的演讲者可以跟能力出色的演讲者取得相同的报酬吗？在晚间或周末做的演讲应不应该获得更丰厚的报酬？

或许最重要的是，相比于那些"有偿"的演讲者，观众更愿意相信那些自发做演讲的志愿者。观众们很快就能发现谁是受雇发言的"枪手"，并通常会给出相应的回应。

更明智的选择：

为演讲者提供其他形式的补偿。在部门成员连续做了大量的演讲后，可以考虑给他们一些额外的假期，或请他们去当地的美容沙龙做一次护理（这顺便还能提升他们的个人形象），抑或为他们提供学习演讲技巧的高级课程的机会。不论选择哪种形式，你都要让演讲者知道他们的努力得到了赞赏。同样重要的是，要让他们知道你会在接下来的业绩评估中注明他们的演讲成就。

你还需要解决有关花费的所有问题。提前决定你是否要为他们付打车费、自驾车汽油费、餐费。同样重要的一点是，提前说清楚自己能承担的花费上限。否则，你可能要为某些在前来做演讲的途中到高档餐厅就餐的演讲者支付大笔费用。

认可与激励

> 人们经常说激励的效果无法持续。好吧，洗澡也是如此，所以我们才每天都洗澡。
>
> ——金克拉，作家、推销员、激励人心的演讲大师

好好想想吧，当员工放弃了周六下午的休息时间，只为代表公司在一次社区活动上发言；当他们在暴风雪中长途跋涉，只为支持商会活动的演讲环节；或者当他们放下手头正在做的事，在最后一刻作为替补发言人上台……你不觉得他们的付出应该获得

一些特别的认可吗？

以下是一些建议：

• 为演讲部门的成员举行年度聚餐活动，可以是早餐会或正式的午餐、晚餐宴会。根据预算来选择餐厅和菜品。**记住**，一流的早餐比三流的晚餐更奢华。如果你只有很少的一点预算，可以将用餐地点从餐馆改到家里。

• 为工作量最大的演讲者提供特别福利，可以是电影票或主题公园门票。允许他们带伴侣或朋友一起享受轻松的时刻，作为他们平时因为完成演讲任务而经常不在家的补偿。

• 聘请一位激励人心的演说家在部门年会上发言。这种专业演说家的出席对部门成员来说不仅是一种奖励，更是激励他们提升演讲水平的范本。

包括公用设施公司、医院在内的很多领域的机构都曾经邀请我去他们的表彰晚宴上发言。在这些场合，我希望我的发言既值得学习又鼓舞人心，还要富有幽默感。我这么做的目的是为了给演讲部门的成员们一个愉快的夜晚，同时也激励他们提高发言水平。

• 请公司总裁为演讲部门的成员们写一封亲笔表彰信。另外，将表彰信裱起来，以便成员们向其他人展示这封信。

评价标准

除非你知道自己要通过演讲达成什么目的，否则做演讲便没有意义。如果你能让观众填一张评价表，那就可以了解你们部门的演讲有哪些长处与短处。

评价表的形式要力求简单。如果填评价表费时又费力，那就没有观众愿意费心填写。这样一来，你就失去了他们关于你的演讲部门是否达到了预期效果的宝贵意见。

形式简单的评价表要包括以下基本内容：

- 演讲者？优秀、良好、合格、不合格。
- 内容？有用或与我的需求无关。
- 你最喜欢这次演讲的哪个方面？
- 你能提出一些改进建议吗？
- 你今后想听有关什么主题的演讲？
- 你是否知道还有其他观众群体愿意听我们的免费演讲？（如果你知道的话，请留下你的姓名、电话号码和电子邮箱地址，以便我们联系你。）

为你的演讲部门做宣传

就算你的部门里有很出色的演讲者，假如没有人知道的话，那也是枉然，因此，要优先考虑为你部门的演讲活动做宣传。

一开始，你可以在公司的网站上发布信息，将你们部门成员的照片上传到网站上。（照片是极具说服力的，不能用看起来像嫌疑犯的照片，也不能用十年前的照片。）要努力提升他们的公信力，包括引用以前观众对他们的热情夸赞。

在发出的每一封信上添一行关于演讲部门的介绍——信末"又及"部分是添加该信息的绝佳位置。在所有的电子邮件中附上你的演讲部门的网页链接，在每位成员的名片上注明部门信息。在社交媒体上发布消息，或是在社区宣传栏中放置宣传材料。

做宣传的方法是无穷无尽的。

挑选合适的演讲邀请

在演讲部门成立之初，为了让部门成员有事可做，你会接受几乎所有的演讲邀请。

但随着收到的邀请越来越多，你在选择观众方面也会越来越谨慎。毕竟，你根本没有足够的时间接受每一份演讲邀请。

要如何选择最合你意的邀请呢？请考虑以下几个方面：

- **观众规模**。观众的规模是否足以否匹配你在时间、精力和金钱方面的投入？
- **场合类型**。女性俱乐部的午餐会？专家小组会议？市民论坛？社区活动？老年人联欢会？问问自己："这个场合适合我们去做演讲吗？"
- **以往的发言人**。问一问主办方："上个月的活动中是谁发的言？上上个月呢？"你可以据此推断以往的活动模式，以及该场合中的观众关心什么，不关心什么。
- **日程安排**。这次活动还包含哪些其他环节？还有谁会发言、娱乐大家、筹款、招募人员等？例如，如果有人邀请你向老年人谈谈节约能源的问题，但该活动的主要环节是音乐类节目……那就拒绝该邀请，把你的精力放在演讲投入能取得更多关注和更丰厚回报的地方。

15

演讲撰稿人：如何雇用撰稿人并与其合作

> 我们无法事事亲力亲为。
>
> ——维吉尔

当全球最大的珠宝零售商杰拉尔德·拉特纳在伦敦的皇家阿尔伯特音乐厅发表演讲时，他给出了成为千万富翁的四条指导原则：

1. 了解你的市场。
2. 明确质量目标。
3. 将你的产品与竞争者的产品做比较。
4. 不要自己给自己写演讲稿。

我十分同意他给出的最后一条原则！

事实是极少有高管有时间自己写演讲稿。毕竟，作为公司领导者，花几周时间来写一篇演讲稿是一件十分不划算的事情，他们要做别人花钱请他们来做的事——经营一家公司。

更重要的是，极少有高管愿意自己写演讲稿。他们是商务人士，不是作家，自然会觉得处理商务事宜比撰写文稿更容易。

而且坦白说，极少极少有高管具备自己写演讲稿的能力。毕竟，撰写演讲稿需要很高的专业水平……事实上，即便是最为专业的作家也可能写不好演讲稿。

为什么呢？因为写演讲稿跟写备忘录、新闻稿或季度报告都有很大区别，那些无法抓住这种重大区别的人就要遭殃了。

不要想当然。有些人可能会在自己的博客中发布撰写演讲稿的相关知识，但这并不代表他们能写好演讲稿。（想想，有些人也许可以编辑医学刊物，但这并不代表他们能当医生。）我还得再说一次，不要想当然。要勇于提出问题，并仔细地检查对方是否具有相应的资质。

如果你认为雇用职业演讲撰稿人（无论是作为全职人员还是自由撰稿人或写作顾问）对你有利，那你可以请其他商务人士推荐合适的人选，然后再通过问候选人以下问题，找出适合你的人选：

• "你从事演讲稿写作工作多长时间了？"如果你需要高质量的演讲稿，那么你也就需要有经验的撰稿人。你的演讲内容越重要，就需要演讲撰稿人越懂行。你要找的是一个能够应付大量的演讲稿写作相关事宜的人，一个能够预测会发生什么问题并防止问题发生的人，一个能够自信沉着地面对任何演讲任务的人。

从另一方面来说，每位演讲撰稿人都是从零经验做起的。因此，只要你愿意认真筛选，未必不能选那些刚入行的、有演讲稿写作天赋的撰稿人。只要能得到恰当的指导和专业的训练，他们也很快会变成"有经验"的撰稿人，而且这么做的成本很低。

我会永远记住那位给我上了演讲稿写作和广告营销第一课的了不起的女士——简·马斯。她将我收入麾下时，我没有一丁点写作演讲稿的经验。但我是个不错的写作者。我富有进取心。最重要的是，我愿意为了团队夜以继日地工作，所以很快就在演讲稿写作方面建立起了个人信誉。

• "演讲稿写作是你的专长吗？"这是一个关键问题。如果某撰稿人是一位全能型写手——新闻稿、宣传册文稿和演讲稿都能写，来什么任务就写什么，那他对你的演讲稿写作任务兴许不会太"上心"。

提示：你没有必要受限于开展业务的地点。就算身处某个小城镇，你仍然可以联系到能力拔尖的演讲撰稿人。只要打一个电话或是发一封电子邮件，你就能与全国各地优秀的演讲撰稿人取得联系。所以，不要被地理位置上的条件所局限。

• "这些演讲稿写作任务全都由你自己完成吗？还是说，你会将其中一部分外包给别人做？"

如何强调这一点都不为过。你一定要谨防那些以"团队合作"形式完成任务的演讲撰稿人或公关公司。

这里有一个**恰当的例子**，很多公关公司为了吸引顾客，刚开始都会列出一系列具有代表性的、高水平的演讲撰稿人的名单，接下来却又偷偷将实际的写作工作"外包"给不知名的自由撰稿人。通常，为了节省开支，公关公司会选择那些收费最低的自由撰稿人，结果客户（花大价钱请了一家有名的公关公司）会奇怪为什么交上来的稿子看起来水平如此业余。

还有一点也需要认真考虑，如果公关公司在你不知情的情况下将演讲稿写作任务外包给了自由撰稿人，你要怎么确保演讲内容的保密性呢？你怎么能保证这些跟你素未谋面的自由撰稿人不会同时也接了你竞争对手的活儿？

因此，最好与某位你信得过的专职独立演讲撰稿人保持一对一的联系。

• "你当前或近期的客户是哪些人？"

• "你跟你的客户保持长期合作关系吗？例如，你一共为某某集团写过多少篇演讲稿？"

• "关于我们这个行业面临的问题，你有多少了解？"专业的演讲撰稿人会在准备面试的过程中阅读你所在行业及公司的相关资料。这是你应得的专业服务。

• "介绍一下你的教育背景？"**注意**，不要认为演讲撰稿人必须要有传播学、公共关系或新闻学等专业的文凭。这是一种误解。

重要的是要有清晰的思路，对世间万物充满兴趣，要知道怎样吸引观众的注意力，要善于在短时间内学习新事物，还要对语言保持敏感、深深热爱口头语言。就是这样。

• "介绍一下你的专业背景？" **还要注意，没有人真正将撰写演讲稿作为自己的第一份职业。** 对于二十多岁、缺乏实际工作经验的应届生来说，他们不会一开始就去做职业演讲撰稿人，并在接下来几十年的职业生涯中一直做这份工作。（如果真有人这么做，那么坦诚地讲，我就要担心他们的工作背景是否过于单一了。）演讲稿写作通常是需要好几种工作背景做积累的。

• "你有什么建设性的看法吗？" 不要去雇用那种只会一味讨好上级、没有个人观点的人。你需要找的是一个有明确想法的人，他能帮你指出演讲中存在哪些不足，并告诉你如何改进。

• "你的工作效率高吗？"

以下情景在演讲稿写作过程中十分常见：

两个月前，你请你所在公司的公关部门为你写一篇重要的演讲稿，但他们当时正忙着赶年度报告或应对媒体的提问，也有可能在处理雇员危机……总之，他们直到最后一刻才弄完你的演讲稿。不出所料，这篇稿子看起来就像是用吃一顿饭的时间胡乱拼凑出来的。

你对这篇稿子感到不满和失望。你希望自己能在这次的重要场合中做一场**精彩的**演讲，可是现在来不及了——只剩五天了。

在这种时候，你就该庆幸自己事先存下了某位职业演讲撰稿人的联系方式。你可以联系这位撰稿人，让他在短时间内为你写一篇优质演讲稿。一定要好好珍惜这个人。

如果你还不认识这样的职业演讲撰稿人，那可以从**现在**开始准备约有关的专业人士面试了，以免下次碰到类似情况时又措手不及。

· "你能提供曾经合作过的客户给你写的推荐信吗？"提问要具体，请他们给出客户的姓名和职位。比如，某些入行没多久的演讲撰稿人可能会吹嘘他曾"跟很多来自世界五百强企业的高管合作"——实际上他们可能只跟一些中层经理合作过一两次。这时你就要学会追问到底，让他们给出诚实的答案。

· "你能向我们展示一些你的得意之作吗？"**提醒**，真正专业的演讲撰稿人从来不会随意泄露自己的作品。他们非常谨慎，并且将这些演讲稿视为客户的财产。所以，请尊重他们的职业精神，不要要求看任何涉密的材料。

更好的替代方案是，演讲撰稿人可以提供摘录自近期所写的演讲稿的部分内容，或者他们可以私下征得客户的准许，将某篇特定的稿件拿出来展示。

· "你能在面试过程中当场润色文稿吗？"很简单，给求职者一份中等或较短篇幅的演讲稿草稿（大约五到十页），请他们润色这篇草稿。给他们的时间要限定在二十到三十分钟以内。你需要检验他们的工作效率，看他们能不能找出不足之处，能不能恰当地改写蹩脚的语句，能不能熟练使用修辞手法，打造别具风格的文章。

提示，你给出的草稿中要包含一些基本的错误，比如，图表中各项条目所占的百分比加起来不等于百分之百、日期错误（将三月二十一日星期四误写作三月二十二日星期四）、写错的人名等。

• "你的演讲稿被媒体报道过吗？"顶级的演讲撰稿人都知道怎样写能引起媒体注意，从而被报道。他们演讲稿中的内容经常被《纽约时报》引用，刊登在杰出的商业类出版物上，或是被人引用到博客中。这样的撰稿人能帮助你的公司赢得媒体关注——这种关注有助于巩固你们公司在业内的地位、推广你们的产品、宣传你们的服务、为你所在的机构树立公信力，以及吸引人们关注你所在行业的发展情况。当然，这种演讲撰稿人的收费相对较高。这也是他们应得的。

• "你获得过演讲稿写作方面的奖项吗？"看看这些荣誉的专业跨度。雇用被三个不同的专业组织授予过奖项的演讲撰稿人，好过雇用获得的所有奖项都来自同一团体的撰稿人。

• "你愿意阅读我最近所做的三次演讲的演讲稿并给出评价吗？"既然你在请一位职业撰稿人做他们职责范围内的工作，那就要支付相应的报酬。可以象征性地给一些报酬，但按照规矩不能不给。只有穷途末路的非专业人员才愿意提供免费服务，而你肯定不希望聘请这样的人加入你的团队。

• "你愿意完成一个简短的演讲稿写作任务，来看看我们能否一起工作吗？"第一次合作布置的任务不需要针对大型演讲活动。让其写一则简短的文稿就行，比如开场介绍语、退休仪式或颁奖仪式上的致辞等。只要是需要你们俩像团队伙伴一样密切配合完成的任务即可。

同样地，对于这项任务，你也要给对方报酬——象征性的报酬即可，但也绝不能让对方免费工作。

• "能告知一下你的收费方式吗？"你有权利提前询问价格，以便估算成本。演讲稿撰写人给你提供的可能是一个**价格区间**，具体的价码取决于任务的难易程度。

例如，如果某篇演讲稿要求撰稿人参加两次现场会议，那就会比通过电子邮件沟通的同等水平的演讲稿收费高。

记住，对于演讲撰稿人来说，时间就是金钱。写作任务越容易完成，相应收费也就越低。你还要考虑交稿日期，给撰稿人的时间越少，收费也就越高。

经验丰富的撰稿人都已经习惯在最后关头突然接到写作任务，他们也习惯在晚上、周末和节假日工作，以便赶上交稿期限。但你要清楚，对于这种时间紧迫的任务，他们的收费也会比较高。

所以，如果你请专业的演讲撰稿人在节假日期间为你赶某项任务，他们会调整自己的休假计划来配合你，同时也会调整收费。

不过，你要这么想，除此之外也别无他法，不是吗？

附录

买书是件好事，如果你能把读这些书的时间一起买回来的话。但通常来说，我们在买书的时候总误以为书中的内容适合自己阅读。

——亚瑟·叔本华

特别选出的不可错过的好书

无论你是写演讲稿、做演讲还是听演讲，以下这些书都能让你在用语言进行交流的方式上拥有更好的鉴赏力。这其中有些是新书，有些是老书——不用纠结于出版时间，因为这些书的内容永不过时。

《你就是信息》（Ailes, Roger and Jon Kraushar. *You Are the Message*. New York, 1989.）信息与媒体领域的必读书，书中的内容至今无人能够超越。

《移动大山：或让别人用你的方式看问题的艺术》（Boettinger, Henry M. *Moving Mountains: or The Art of Letting Others See Things*

Your Way. New York: Macmillan, 1969.）这本书畅销几十年是有原因的，你自己读读看。

《无声的语言：人类学家为你揭示我们如何用习惯和行为交流》（Hall, Edward T. *The Silent Language: An anthropologist reveals how we communicate by our manners and behavior*. New York: Doubleday, 1959.）一本经典之作。

《关于写作》（Lamott, Anne. *Bird by Bird: Some Instructions on Writing and Life*. New York: Pantheon Books, 1994.）

《没有安全路线》（Linders, Robert H. *No Safe Route*. Bloomington, IN: iUniverse, 2013.）简单来说，这是我欣赏过的最高水平的布道，文笔出色。

《讲故事教练》（Lipman, Doug. *The Storytelling Coach*. Little Rock, Ak: August House Publishers, 1995.）

《我在革命中看到了什么》（Noonan, Peggy. *What I Saw at the Revolution*. New York: Random House, 1990.）

《你的创造力》（Osborne, Alex. *Your Creative Power*. New York: Scribner's, 1948.）本书作者奥斯本是天联广告公司的创始人之一，"头脑风暴法"就是他发明的。

《语言本能》（Pinker, Steven. *The Language Instinct*. New York: Morrow, 1994.）

《演员开口说：声音与表演》（Rodenburg, Patsy. *The Actor Speaks: Voice and the Performer*. New York: St. Martin's Press, 2000.）

《如何做广告：给做广告的人的专业指导》（Roman, Kenneth and

Jane Maas. *How to Advertise: A professional guide for the advertiser. What works. What doesn't. And why.* New York：St. Martin's Press, 1976.) 如果你将自己的演讲看作广告，这本书会给你很大帮助。

《吃、射击、走》(Truss, Lynne. *Eats, Shoots & Leaves.* New York：Penguin, 2003.) 读这本书之前，谁能想到标点符号也可以如此有趣呢?

《当头棒喝》(Von Oech, Roger. *A Whack on the Side of the Head.* New York: Warner, 1990.)

参考书目

奇闻逸事

《巴特利的奇闻逸事书》(Bernard, Andre, and Clifton Fadiman. *The Bartlett's Book of Anecdotes,* revised edition. Boston, MA: Little, Brown, 2001.）这是《奇闻逸事小棕书》的修订版，这本书将永远在我的书架上占据重要位置。作者精心罗列了古往今来几千位名人的奇闻逸事，从尼尔·阿姆斯特朗、鲍勃·多尔，到多萝西·帕克和薛西斯一世，本书中都有所提及。并且这本书中的内容条目清晰、来源可靠。

名人名言

《名人议论名人：牛津名人名言词典》(Ratcliffe, Susan, ed. *People on People: The Oxford Dictionary of Biographical Quotations.* New York,

NY: Oxford University Press, 2001.）想知道有哪些名人对撒切尔夫人、毕加索等人说了哪些有名的话吗？你可以从这本书看起，书中用翔实的历史记录列出了许多精彩的名人名言。

商务

《值得被引用的管理者》（Woods, John. *The Quotable Executive*. New York: McGraw-Hill, 2000.）本书列出了值得引用的来自商务人士的精彩语录。

日常趣事或花边新闻

《大事记：原子时代到海湾战争的潮流变迁》（Dickson, Paul. *Timelines: Day by Day and Trend by Trend from the Dawn of the Atomic Age to the Gulf War*. Reading, MA: Addison Wesley Publishing, 1991.）这是同类书中最好的一本。

假设你所在的组织创建于一九七一年，而你想知道那一年都发生了哪些好玩的事，这本书会立刻满足你的需要，书中提供的素材能让你的演讲变得更有意思。比如，一九七一年发生的好玩的事情有：

- "工作狂"这个词诞生了。
- 第一台手持计算器诞生，标价两百四十九美元。
- 笑脸纽扣风靡大街小巷。

毕业典礼

《说到毕业》(Ross, Alan, ed. *Speaking of Graduation*. Nashville, TN: Walnut Grove Press, 2001.) 书中摘录了或严肃或幽默的毕业典礼演讲片段。

定义

《韦氏新世界可引用定义词典》(Brussell, Eugene E. *Webster's New World Dictionary of Quotable Definitions*. Englewood Cliffs, NJ: Prentice-Hall, 1988.) 尽管出版年代较为久远，但这本词典依然值得任何一位演讲者拥有。假如你想找对于某事物的有趣的定义，那就不要查平时用的普通词典，而应该试试这一本，这里有对两千多个词条的一万七千多个生动定义。比如：

- 锻炼："当代人的一种迷信，是那些吃得太多又没什么问题要思考的人发明的。"（乔治·桑塔耶拿）
- 通货膨胀："太多的钱都装进了别人的口袋。"（威廉·沃恩）
- 旧金山："一座每天都在上演着四季交替的城市。"（鲍勃·霍普）

设计、图表及排版

《沟通：用故事产生共鸣》(Duarte, Nancy. *Resonate: Present Visual Stories that Transform Audiences*. New York: Wiley, 2010.) 该书作者的视觉设计风格自成一派。

《展望信息》(Tufte, Edward R. *Envisioning Information*. Cheshire, CT: Graphics Press LLC, 13th printing, 2011.) 如果你想了解如何设计数据类信息的排列效果，可以看看这本书。

《视觉解释：图像与数量，论据与叙述》(Tufte, Edward R., *Visual Explanations: Images and Quantities, Evidence and Narrative*. Cheshire, CT: Graphics Press LLC, 9th printing 2010.)

《用图表说话：高效经理的图表指南》(Zelazny, Gene. *Say It With Charts: The Executive's Guide to Successful Presentations*. Homewood, IL: Dow Jones-Irwin, 1985.) 同样，请忽略出版的时间。这是一本经典好书。它的内容不受制于任何时代的时尚潮流，为需要在演讲中使用图表的人提供了永不过时的建议。这些建议也适用于其他需要口头表达的场合。本书作者是麦肯锡咨询公司负责视觉交流的主管，这足以证明他的实力。在你准备向观众呈现饼状图前，先看看这本书给出的建议吧。

娱乐

《卡塞尔电影格言》(Rees, Nigel. *Cassell's Movie Quotations*. London: Cassell, 2000.) 来自电影台词、电影制作者和电影爱好者的经典语句。非常亮眼的资源。

悼词

《死亡：安慰之书》(McNees, Pat, ed. *Dying: A Book of Comfort*. New York: Warner Books, 1998.) 本书中收集了一系列关于"死亡"

这一主题的语录、祷告词及文学作品中摘录的片断，其内容跨越了不同文化，涉及很多不同的场合。比如：

- 子女去世
- 双亲去世
- 配偶去世
- 永别
- 突发死亡
- 自杀

不论是谁，持何种信仰，都可以从这本书中学习如何致悼词。

历史

《值得引用的历史学家》（Axelrod, Alan. *The Quotable Historian.* New York: McGraw-Hill, 2000.）书中内容分成了许多专题。

政治、政府和军事

《为公开演讲者准备的引用语》（Torricelli, U.S. senator Robert. *Quotations for Public Speakers.* New Brunswick, NJ: Rutgers University Press, 2001.）这是一本集历史、文学和政治为一体的话语选集——主题从外交到公平正义，再到城市事务，都应有尽有。

《值得被引用的政治家》（William B. Whitman, ed. *The Quotable*

Politician. Connecticut: The Lyons Press, 2003.)

- "美国大众既不支持民主党也不支持共和党，他们倒是比较支持凯马特超市。"（泽尔·米勒）
- "你该做的正是那些你认为自己做不到的事。"（埃莉诺·罗斯福）
- "在政治上，会说话的是男人，做实事的却是女人。"（玛格丽特·撒切尔）
- "如果说我们的宪法中有一个基本元素的话，那就是国民对军队的掌控。"（哈里·S·杜鲁门）

预测

《糟糕的预测：两千年来那些最聪明的头脑做的最糟糕的预测》(Lee, Laura. *Bad Predictions: 2000 Years of the Best Minds Making the Worst Forecasts.* Rochester, MI: Elsewhere Press, 2000.)

公开演讲

《你的信息》(Carter, Judy. *The Message of You.* New York: St. Martins Press, 2013.) 如果想成为靠演讲谋生的职业演讲者，那你需要读读这本书。这位作者知道自己在谈论什么。

《重要的不是说什么，而是如何说》(Detz, Joan. *It's Not What You Say, It's How You Say It.* New York: St. Martin's Press, 2002.) 动用声音、肢体语言、眼神交流、视听工具、即兴发挥等一切可用

的演讲手段，强化你的演讲内容。

《我能看透你》(Hoff, Ron. *I Can See You Naked*. Kansas City, MI: Andrews McMeel, 1992.)该书的内容对任何一个需要做演讲的人都有帮助。

可供引用的综合类资料

《给聪明人的聪明语录》(Bowden, Paul. *Smart Quotations for Smart People*. Kindle edition, 2011.)

《经典语录》(Frank, Leonard Roy. *Quotionary*. New York: Random House, 2001.)该书内容相当丰富，尤其在对当代资料的收集方面。

> • 长寿："我将它归功于吃红肉和喝杜松子酒。"（朱莉娅·查尔德）

《英卡特语录百科》(Swainson, Bill, ed. *Encarta Book of Quotations*. New York: St. Martin's Press, 2000.)关于引用语的一本实用参考书，其中囊括了两万五千多条引用语，且提供了引用语的背景信息，尤其注重收录近百年来的国际著名人物说过的话。

宗教和哲学

《丰富的恩惠》(Peck, M. Scott, M.D. *Abounding Grace*. Kansas City, MI: Andrews McMeel, 2000.)书中收集的引用语涉及幸福、勇气、同情、纯洁、坚持、恩惠、信念、善良、爱、尊敬、力量

和智慧等鼓舞人心的话题。

《宗教语录宝库》(Tomlinson, Gerald. *Treasury of Religious Quotations.* Englewood Cliffs, NJ: Prentice-Hall, 1991.) 书中分别收录了三十种不同的宗教和信仰（包括别处很难找到的摩门教和道教）的内容。

科学

《说到科学：有关科学、工程学和环境学的名言》(Fripp, Jon, Michael Fripp, and Deborah Fripp. *Speaking of Science: Notable Quotes on Science, Engineering, and the Environment.* Eagle Rock, VA: LLH Technology Publishing, 2000.) 这是一本必备参考书。

体育

《演讲者名言宝库：体育趣闻、故事和幽默》(Tomlinson, Gerald, ed. *Speaker's Treasury of Sports Anecdotes, Stories, and Humor.* Englewood Cliffs, NJ: Prentice-Hall, 1990.) 内容涉及五十四种不同的体育运动，还列出了一部分著名运动员的出生日期及主要经历（也可作为"历史上的今天"这一类资料使用）。

统计数据

《用数据说话》(Gaither, C. C, and A. E. Cavozov-Gaither. *Statistically Speaking.* Philadelphia, PA: Institute of Physics Publishing, 1996.) 同样，请忽略出版年份，这本书在今天依然是关于统计数据的最全面的著

作，书中还详细列出了参考书目。其章节之多更是令人惊奇，包括：

- **数据**："在没有数据支撑的情况下盲目下结论是严重的错误。"（夏洛克·福尔摩斯，阿瑟·柯南·道尔在小说中虚构的人物）
- **图形**："通过三个点可以画出无数条曲线。根据这些曲线能推断出无数结果。"（迈克尔·克莱顿）
- **统计员**："你要是做了统计员，很快就会有人告诉你你已经变成了斗鸡眼和八字脚。"（约西亚·斯坦普）

祝酒等其他特殊场合

《你能说点什么吗？》（Detz, Joan. *Can You Say a Few Words?* New York: St. Martin's Press, 2006.）本书每一章都针对不同的特殊场合分别给出了发言建议，包括：

- 颁奖仪式
- 退休仪式
- 体育界的晚宴
- 爱国庆典
- 纪念日献礼
- 毕业典礼
- 追悼会

《祝酒词：超过一千五百则祝酒词、感言、祝福语和祷告语》
（Dickson, Paul. *Toasts: Over 1500 of the Best Toasts, Sentiments, Blessings and Graces*. New York: Bloomsbury USA, 2009.）没有哪个职业演讲撰稿人愿意在手头没有这本书的情况下工作，它非常棒。

《全熟的烤肉》（Evans, William R., and Andrew Frothingham. *Well-Done Roasts*. New York: St. Martin's Press, 1992.）该书为很多场合提供了大量有趣的内容：

· 退休仪式："我们依然不确定没有他我们该怎么办……但这个问题我们已经考虑了很多年。"

· "正如沃尔特·克尔（《纽约时报》剧评人）所说的：'他有妄自尊大的错觉。'"

· "那么，你要来试一试并嘲笑我了。好啊，佩特·班纳塔那首歌唱得好：'用你最好的枪法来打我吧，连续开火。'"

· "就像沃特·沃克爵士说的那样：'英国发明了一种新型导弹。它叫作公务员，他们不工作，也不能被开除。'"[①]

《关于祝酒词的一切》（Irwin, Dale. *The Everything Toasts Book*. Holbrook, MA: Adams Media, 2000.）书中提供了适用于每一个特别场合的祝酒词。

---

① 原文为："Britain has invented a new missile. It's called the civil servant—it doesn't work and it can't be fired." 最后一个分句为双关语，又译作"它"不起效果也不能开火。

推荐给演讲者的网站
北美印第安人的故事

www.kstrom.net/isk/stories/myths.html

格言、谚语和引用语

www.altiusdirectory.com/Society/hat-quotes.php（特殊场合的引用语，从圣诞老人到万圣节均有涉及。）

www.aphorismsgalore.com（类别丰富，其中有艺术和文学、科学和宗教、工作和娱乐等各项内容。）

www.brainyquote.com/quotes/keywords/speeches.html

www.columbia.edu/acis/bartleby/bartlett（提供了优质的参考资料，例如《巴特利特常用引语》《辛普森当代语录》等。）

www.creativequotations.com（有来自三百多个国家和文化的谚语。）

www.famous-quotations.com（可按类别、作者或国家检索内容。）

www.navy.mil/navydata/leadership/mist.asp?x=S

www.presentationmagazine.com/presentation-quotes-and-quotations-7498.htm

文学和艺术

www.aldaily.com/

个人传记

www.s9.com（可按出生日期、死亡日期、头衔、职业、文学艺术作品及主要成就检索内容。）

历史上的今天

www.infoplease.com

新闻出版

www.cjr.org/（内容来自《哥伦比亚新闻评论》，谈到了许多有关演讲的有趣内容，包括记者是如何报道演讲活动的相关情况。）

www.cjr.org/www.editorandpublisher.com（从媒体角度谈演讲。）

www.publetariart.com（有关如何让自己写的东西得以出版的资料。）

www.publishersweekly.com/pw/home/index/htm（关于演讲者该如何将自己的演讲内容出版成书的想法和建议。）

神话和传说

www.mythiccrossroads.com/site_map.htm（伊索寓言，亚瑟王传说，挪威、希腊和埃及的神话，非洲的故事，还有一部分相当精彩的美国西部蛮荒时期的故事。）

社交媒体

http://socialmediatoday.com/

www.foliomag.com/

演讲稿

www.af.mil/information/speeches/index.asp（美国空军演讲稿。）

www.army.mil/info/institution/speeches/（美国陆军演讲稿。）

http://gos.sbc.edu/top100.html（"二十世纪最伟大的一百场演讲"，由斯威特布莱尔学院提供素材，其中包括杰出女性做的有意思的演讲。）

www.hillsdale.edunews/imprimis.asp（涵盖了围绕文化、经济、政治及教育等主题的大量演讲。）

www.historychannel.com（由商界、政界及学术界领军人物发表的演讲。）

www.historyplace.com/speeches（在这里你能找到很多种类的演讲稿，从圣方济各的《向鸟类布道》，到比尔·克林顿的《我犯了错》。）

www.navy.mil/navydata/leadership/mist.asp?x=S（美国海军演讲稿。）

www.raf.mod.uk/history/airpowerspeechesarchived.cfm（英国皇家空军演讲稿。）

www.uscg.mil/seniorleadership/speeches.asp（美国海岸警卫队演讲稿。）

www.winstonchurchill.org（温斯顿·丘吉尔发表的演讲、语录和趣事。）

统计数据

www.guardian.co.uk/data

美国历史

www.law.ou.edu/hist/（来自美国俄克拉荷马州州立大学法学院的资料，其中包括从美国前殖民时代到当代的所有历史性演讲。）

各类组织：演讲者和演讲撰稿人都需要的资源

美国传播协会：www.americancomm.org

美国图书馆协会：www.ala.org

美国医学写作者协会：www.amwa.org/default.asp?Mode=DirectoryDisplay&id=1&DirectoryUseAbsoluteOnSearch=True

美国职业演说家协会：http://speakersassociation.org/AmericanProfessionalSpeakersAssociation.html

美国新闻工作者和作家协会：www.asja.org

美国统计协会：www.amstat.org

美国亚裔记者协会：www.aaja.org/

美国妇女通讯协会：www.womcom.org

美国专业沟通咨询协会：http://consultingsuccess.org/wp

美国建筑作家协会：www.constructionwriters.org/

美国编辑类自由职业者协会：www.the-efa.org/

国际商业传播者协会：www.iabc.com

美国军事作家协会：www.mwsadispatches.com/

全美政府传播者协会：www.nagc.com

全美独立作家和编辑协会：http://naiwe.com/

全美科学作家协会：www.nasw.org

全美黑人公共关系协会：www.nbprs.org

全美传播协会：www.natcom.org

全美教育作家协会：www.ewa.org

全美农村电力合作社协会：www.nreca.org

全美演讲者协会：www.nsaspeaker.org

全美讲故事网：www.storynet.org

全美作家协会：www.nationalwriters.com/page/page/1963103.htm

美国本土记者协会：www.naja.com/

传播界纽约女性组织：www.nywici.org

国际诗人、剧作家、编辑、散文家和小说家协会（PEN）：
www.pen.org

美国诗歌学会：www.poetrysociety.org/psa/

美国职业演讲者协会：www.professionalspeakersguild.com

美国公共关系协会：www.prsa.org

纽约宣传俱乐部：www.publicityclub.org

美国生态环境记者协会：www.sej.org

国际演讲会：www.toastmasters.org 国际演讲会值得你特别留

意，不仅因为它规模大（这一非营利性组织拥有近二十八万名成员），还因为它帮助很多人成为了更好的演讲者和领导者。不论你住在哪里，都能借助于国际演讲会来发展你的潜力。

推荐给那些在语音方面需要特殊帮助的演讲者

美国语言听力协会：www.asha.org

澳大利亚轻松说话协会：www.speakeasy.org.au

英国口吃协会：www.stammering.org

加拿大口吃协会：www.stutter.ca

国际口吃协会：www.isastutter.org

全美口吃协会：www.westutter.org

美国口吃基金会：www.stutteringhelp.org

图书在版编目（CIP）数据

　　如何做一场精彩的演讲 ／（美）琼·戴兹著；张珂
译 . －－ 海口：南海出版公司，2019.6
　　ISBN 978-7-5442-9530-7

　　Ⅰ . ①如… Ⅱ . ①琼… ②张… Ⅲ . ①演讲－语言艺
术 Ⅳ . ① H019

　　中国版本图书馆 CIP 数据核字（2019）第 019636 号

著作权合同登记号　图字：30-2018-138
HOW TO WRITE AND GIVE A SPEECH, 3DR EDITION
Text Copyright @ 1984, 2014 by Joan Detz
Published by arrangement with St. Martin's Press, LLC.
Simplified Chinese edition copyright © 2019 by Thinkingdom Media Group Ltd.
All rights reserved.

如何做一场精彩的演讲
〔美〕琼·戴兹 著
张珂 译

出　　版　南海出版公司　（0898）66568511
　　　　　海口市海秀中路 51 号星华大厦五楼　邮编 570206
发　　行　新经典发行有限公司
　　　　　电话 (010)68423599　邮箱 editor@readinglife.com
经　　销　新华书店

责任编辑　翟明明
特邀编辑　沈　悦　敬雁飞
装帧设计　李照祥
内文制作　王春雪

印　　刷　山东鸿君杰文化发展有限公司
开　　本　880 毫米 ×1230 毫米　1/32
印　　张　8.5
字　　数　170 千
版　　次　2019 年 6 月第 1 版
印　　次　2019 年 6 月第 1 次印刷
书　　号　ISBN 978-7-5442-9530-7
定　　价　58.00 元